U0565906

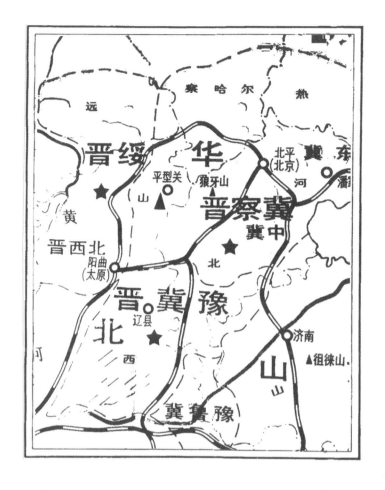

山西抗日根据地文化传播研究——教育卷

主编 张汉静

王毅 著

山西出版传媒集团 山西人民出版社

图书在版编目（ＣＩＰ）数据

山西抗日根据地文化传播研究——教育卷 / 张汉静主
编；王毅著. -- 太原：山西人民出版社，2023.3
ISBN 978-7-203-12504-4

Ⅰ.①山… Ⅱ.①张… ②王… Ⅲ.①农村革命根据
地—教育—研究—山西 Ⅳ.①K269.5②G779.29

中国版本图书馆CIP数据核字（2022）第238939号

山西抗日根据地文化传播研究——教育卷

主　　编：张汉静
著　　者：王　毅
责任编辑：王晓斌
复　　审：李　鑫
终　　审：梁晋华
装帧设计：张慧兵

出 版 者：山西出版传媒集团·山西人民出版社
地　　址：太原市建设南路21号
邮　　编：030012
发行营销：0351-4922220　4955996　4956039　4922127（传真）
天猫官网：http://sxrmcbs.tmall.com　电话：0351-4922159
E-mail：sxskcb@163.com　发行部
　　　　　sxskcb@126.com　总编室
网　　址：www.sxskcb.com

经 销 者：山西出版传媒集团·山西人民出版社
承 印 厂：山西基因包装印刷科技股份有限公司

开　　本：720mm × 1020mm　1/16
印　　张：9.25
字　　数：140千字
版　　次：2023年3月　第1版
印　　次：2023年3月　第1次印刷
书　　号：ISBN　978-7-203-12504-4
定　　价：60.00 元

总　序

山西地处黄土高原，有华北"屋脊"之称，具有俯瞰中华之形势的独特地理优势。东出太行可以直下黄淮海平原而经略中原，西向可凭借吕梁山脉和背后的黄河成为拱卫西北之屏障，由北向南排列的山川和盆地则是层层抗击北方军事力量南下的阻击阵地。因此，山西自先秦时代起就是兵家必争之地，有"得山西者得天下"之称。不可替代的战略地位使得山西每在民族危亡而奋力抗争之际，总会艰苦卓绝地担当起救亡图存的历史重任。

晚清以来，1840 年—1860 年两次鸦片战争、1883 年—1885 年的中法战争、1894 年中日甲午战争、1900 年八国联军入侵……无不以割地赔款、丧权辱国为结果。再加上政治上的腐朽、经济上的衰败、产业上的不济导致的社会无序、国力羸弱、人心涣散，不但为外敌的入侵大开方便之门，更使得中华民族在面对列强的侵略和压迫时，逐步丧失了坚决斗争的意志和敢于胜利的信心。而 1931 年面对日本军国主义的入侵，中华民族历时 14 年艰苦卓绝的斗争取得的抗日战争的完全胜利，则是对这种颓废局面的一次成功扭转。这其中，在自 1937 年 7 月开始至 1945 年 8 月结束的八年全面抗战中，中国共产党及其领导的武装力量依托山西建立的若干抗日根据地，进行的军事、文化、社会等方面的斗争实践所取得的丰厚成果，再一次印证了山西这片热土对于中华民族生死存亡的独特价值。

一、山西抗日根据地的创建及其历史地位

自 1931 年"九一八事变"以来，日本军国主义蚕食鲸吞、步步紧逼，

使得中日两国的民族矛盾迅速上升为当时中国社会的主要矛盾。在日本军国主义的强大压力下,中华民族面临空前严重的危机。面对侵华日军铁蹄的步步紧逼,全国各地不断掀起抗日救亡的高潮,在各阶层人民强烈要求停止内战、一致抗日的呼声中,中国共产党作为最具政治组织力的先进政党,坚持全面抗战路线,率先提出武装抗日和建立抗日民族统一战线的主张,积极促成了以第二次国共合作为基础的抗日民族统一战线的形成。1937年7月"卢沟桥事变"爆发,在国民政府全面退却的形势下,中国共产党领导的八路军却以战略进攻的态势东渡黄河,进入山西,创建了中国第一个抗日根据地。在此后全面抗战的八年中,以山西抗日根据地为主体的山西战场始终是中国共产党领导的敌后抗日斗争工作的重中之重,不但对稳定华北抗战形势起着决定性的作用,更使得山西战场成了"全国抗战的桥头堡"、世界反法西斯战争的重要战场。

农村包围城市、武装夺取政权、创立革命根据地的道路是中国共产党人在长期的革命斗争中,历经血与火的洗礼及失败与成功的过程,所逐步形成的取得革命胜利的宝贵经验。1937年8月22日,中国共产党在陕北洛川召开了中央政治局扩大会议,通过了《中共中央关于目前形势与党的任务的决定》和《中国共产党抗日救国十大纲领》,确立了全面抗战的路线,决定将今后党的工作重心转移到战区和敌后,军事工作的重点为开辟敌后战场、建立敌后抗日根据地、进行独立自主的游击战争。[①]同时,中央军委决定将红军改编为国民革命军第八路军[②],以原红一、二、四方面军为基础,整编为八路军第115师、第120师、第129师三大主力。洛川会议后,八路军三大主力根据中共中央军委和八路军总部关于建立抗日根据地、独立坚持华北抗战的指示精神,奉命东渡黄河进入山西,开始了晋察冀、晋绥、晋冀豫三大抗日根据地的创建和发展工作。

八路军115师在晋东北地区创立晋察冀抗日根据地。包括晋北、冀西、

---

① 中国共产党简史[M]. 北京:人民出版社,2021:75.
② 1937年9月11日,国民政府军事委员会按全国陆海空军战斗序列将八路军改称为国民革命军第十八集团军。

冀中、察南的五十余县，是中国共产党创建的第一个敌后抗日根据地。该师下辖两个旅、一个独立团以及其他配属部队约1.55万人。1937年9月25日，115师设伏于山西省忻州市繁峙县横涧乡平型关地区，进行了全国抗战中第一次对敌歼灭战，歼灭日军第5师团（坂垣师团）第21旅团一部1000余人，击毁敌汽车百余辆，缴获大量辎重物资，取得八路军出师以来打的第一个大胜仗，沉重打击了侵华日军的嚣张气焰，提高了八路军的声威，有力地粉碎了日军所谓三个月灭亡中国的梦呓，极大地鼓舞了全国人民抗战胜利的信心。平型关战役后，115师分散转入日军翼侧及其后方开展游击战争，其中一部南下阳泉、寿阳地区作战；一部于五台山地区开展游击战争，创建晋察冀抗日根据地，并成立边区政府。1937年11月7日，晋察冀军区成立。1938年春，115师一部进入北平西山一带，开辟平西根据地；4月，建立冀中根据地；6月，建立冀东根据地。这些根据地的开辟大大拓展了晋察冀根据地的范围，成为华北敌后抗战的坚强堡垒。

八路军120师在晋西北地区创建晋绥抗日根据地。该师下辖两个旅、一个教导团以及其他配属部队约1.4万人。1937年9月下旬，120师一部随师部进入宁武、岢岚、五寨等县交界的管涔山创建抗日根据地；另一部进入五台、平山地区开展敌后游击战，创建抗日根据地。到1938年12月，120师一部进入绥远阴山山脉中段的大青山地区，依托大青山相继开辟了绥中、绥南、绥西抗日根据地。这些抗日根据地逐步连成一片，构成了晋绥抗日根据地。晋绥抗日根据地位于黄河晋陕峡谷以东，包括山西西北部和绥远东南部广大地区，是拱卫陕甘宁边区和党中央的重要屏障，有效地完成了党中央赋予的防止日军西渡黄河侵扰陕甘宁边区的战略任务，不但确保了中共中央的安全以及与各敌后根据地的交通与联系，同时在必要时还给予了陕甘宁边区物资供应和经济支撑。

八路军129师在太岳和太行山区创建晋冀豫抗日根据地。129师下辖两个旅以及其他配属部队约1.3万人。1937年10月，八路军129师主力开赴晋东南的太行和太岳山区，依托太行山创建晋冀豫抗日根据地。晋冀豫抗日根据地是中共中央北方局和八路军总部机关所在地。抗战期间，晋冀豫抗日根据地共歼灭日伪军 42 万余人，为夺取整个抗日战争的最终胜利发挥了重大作用。

由于地理上的优势，山西在三大抗日根据地相继创建后形成了东北、西北、西南、东南四个方向均为根据地的抗战局面（晋察冀、晋绥、太行、太岳），使得侵入山西的日军实际上陷入了被四面包围的不利态势，形成了全国抗战总体不利条件下的局部有利。这样，日军以占领的中心城市和交通要道为重点向外扩张，中国共产党领导的抗日武装则以根据地为出发点，用独立自主的山地游击战争的方式，向日军控制的中心城市和交通要道进行挤压，构成了山西八年抗战的基本格局。纵观整个抗日战争，中国共产党领导的山西抗日根据地的地位极其重要。它的创建是在全面抗战战略防御阶段战略退却中的战略进攻；它的巩固成为抗日战争战略相持阶段坚实的战略支撑；它的壮大更使其成为抗日战争战略反攻阶段中的战略出发点。总之，从战争的全局来看，中国共产党领导的山西抗日根据地对抗日战争的完全胜利做出了不可替代的重要贡献。

在山西的抗战中，山西抗日根据地始终是中国共产党领导的敌后抗日斗争的重要组成部分。山西抗日根据地不仅是中国共产党领导下的军事、政治、经济组织，它还形成了完整而又有相对独立性的地方政权，为中国共产党领导的军事建设、政治建设、经济建设和文化建设提供了丰富的实践场所和内容，成为了中国共产党领导的新民主主义革命斗争的试验田和战略支撑点。山西抗日根据地的建设不仅是中国共产党领导的军事力量、政治力量和新型文化力量不断输入的过程，同时也是山西抗日根据地以其丰富的历史文化传统和斗争经验不断丰富中国共产党的革命理论的互动过程。中国共产党在山西抗日根据地形成的社会工作经验和教训，不仅是中国共产党领导的抗日战争取得胜利的根本保障，而且为解放战争最终夺取全国胜利以及新中国的建设，在干部队伍、社会治理、文化建设等方面提供了坚实、可靠的社会经验和人才保障。在这些意义下，中国共产党领导山西抗日根据地建设的工作方式、方法以及所取得的成效尤其值得重视。

二、山西抗日根据地的文化传播及重要影响

面对侵华日军的疯狂入侵，军事斗争无疑是山西抗日根据地赖以存在的根本。但是，单纯的军事斗争的观点历来都是毛泽东同志批判的对象。在中国共产党人的世界中，军事、政治、文化从来就是一个辩证的统一体，文化建设作为宣传、动员人民群众的重要手段，与军事斗争具有同样的重要性。

1. 文化建设是山西抗日根据地的灵魂

早在 1929 年毛泽东同志就认为"中国共产党人的军队是执行政治任务的武装集团"，即"负责打仗消灭敌人军事力量，还要负担宣传群众、组织群众、武装群众、帮助群众建立革命政权以至于建立共产党的组织……"[1]而"扩大政治影响争取广大群众……是红军第一个重大工作"[2]。1938，年毛泽东在中共六届六中全会上的政治报告《论新阶段》中指出："在一切为着战争的原则下，一切文化教育事业均应使之适合战争的需要。"[3]1940 年 1 月，毛泽东在《新民主主义文化》中指出："革命文化，在革命前是革命的思想准备；在革命中是革命总路线中的一条必要和重要的战线。"[4]1942 年 5 月，毛泽东同志《在延安文艺座谈会上的讲话》一文中进一步指出："在我们为中国人民解放的斗争中，有各种的战线，就中也可以说有文武两个战线，这就是文化战线和军事战线。我们要战胜敌人，首先要依靠手里拿枪的军队。但是仅仅有这种军队是不够的，我们还要有文化的军队，这是团结自己、战胜敌人必不可少的一支军队。'五四'以来，这支文化军队就在中国形成，帮助了中国革命……"[5]因此，中国共产党领导山西抗日根据地的建设与发展也绝不仅仅是单纯的军事斗争问题，宣传教育群众、组织动员群众等文化建设方面的工作与军事斗争工

---

① 毛泽东. 毛泽东选集（第一卷）[M]. 北京：人民出版社，1991：86.
② 毛泽东. 毛泽东文集（第一卷）[M]. 北京：人民出版社，1993：96.
③ 毛泽东同志论教育工作 [M]. 北京：人民教育出版社，1958：33.
④ 毛泽东著作选读（上册）[M]. 北京：人民出版社，1986：349.
⑤ 毛泽东. 毛泽东选集（第二卷）[M]. 北京：人民出版社，1991：847.

作具有同样重要的意义。文化建设为山西抗日根据地的存在和发展提供了更深层次的社会支撑，在某种程度上，文化建设是山西抗日根据地的灵魂。

没有文化上的根本转变，就不会有真正意义上的社会形态的转变。在中国共产党的军事斗争和文化建设并重的指导原则下，山西抗日根据地的社会文化形态和政治形态在抗战中出现了重大转向。社会文化形态方面由地方军阀、地主阶级为主体的传统思想文化，转向了以无产阶级为主体的新兴的新民主主义的思想文化；社会政治形态由军阀割据与专制，转向了人民民主专政下人民当家作主的民主和自由。可以说，中国共产党的文化建设使得山西抗日根据地的社会风貌和人文气息出现了脱胎换骨的变化，进而使得山西抗日根据地以一种全新的姿态昂首伫立在了中华民族命运转变的历史潮头。从抗战中山西抗日根据地社会形态方面出现的重大转向来看，中国共产党的文化建设工作居功至伟，它将一个"白色的山西"转变成了一个"红色的山西"，淋漓尽致地传达与感染了抗战精神，有效地把各地民众发动起来。中国共产党在山西抗日根据地形成的工作内容、工作方法和培养的干部队伍，不仅使得山西抗日根据地的发展得以巩固，而且对周边其他省份起到了辐射带动作用，为抗日战争的最后胜利以及解放战争和新中国的建设积累了丰富的社会实践经验。

2. 文化建设的必要路径是文化传播

中国共产党山西抗日根据地的文化建设是服务于中国共产党的政治主张和军事目的的。在八路军北上抗日之前，山西广大人民群众对中国共产党及其主张普遍缺乏正确的认识。毛泽东同志认为"战争的伟力之最深厚的根源存在于民众之中"[①]，抗日根据地得以存在和发展必须要有广泛和坚实的群众基础。对此，1937年八路军三大主力进入山西开辟敌后战场建立抗日根据地的同时，必须要面对如何开展群众工作的问题，即要面对如何融入人民群众之中获得理解和支持，如何使中国共产党的抗日主张

---

① 毛泽东 . 毛泽东选集（第二卷）[M]. 北京：人民出版社，1991：511.

有效地获得抗日根据地人民群众的认可，如何进一步地动员人民群众支持中国共产党的主张并积极投身抗战及根据地社会建设等方面的问题。

文化传播是一个社会或者群体的文化向其他社会或者群体辐射传播的过程，通常是从文化高地流向文化低地。山西自古就是文化大省，具有丰厚的历史文化传统，文化上的封闭性和保守性也尤为显著。这就使得其在面对外来异质文化时，有着很强的"免疫"能力。这种特点同样体现在作为山西传统文化基因承载者的山西广大人民群众的思想上。从这个意义上讲，群众工作就是新的文化如何同旧的文化衔接的工作。山西抗日根据地的文化建设问题，就是广大人民群众思想的建设问题，同样也是中国共产党的文化思想对山西广大人民群众有效传播的问题。需要特别注意的是，中国共产党山西抗日根据地的文化传播是两种文化的相互借鉴和融合，而不是谁去消灭谁、谁来替代谁。

中国共产党领导的文化工作者早在南方中央苏区的时候，就结合当地的文化形成了具有自身特点的文化传播内容和方式、方法。他们的思维方式、语言语调、穿着服饰、行为做派等，对于相对封闭的山西抗日根据地的广大人民群众而言具有很强的异质性，既有陌生性，又具新鲜感。抗战全面爆发后，随着各地爱国文化人士的加入，中国共产党领导下的文化传播工作的异质性对于山西抗日根据地的广大人民群众而言尤其明显。山西抗日根据地的民众作为传播的对象，在长期面对中国共产党的文化传播时必然会有深层次的交流和互动，会存在排斥、包容、吸收、改造等各个方面的问题。这些问题的出现起始于异质文化对山西的传播，解决于文化传播的整个过程。这个过程不但充分考验着中国共产党人的理想、信念和智慧，而且为古老的山西大地注入了全新的文化基因。在这个文化传播的过程中，我们还会发现，山西自身的文化不但没消亡，反而借助中国共产党的文化平台走向了全国、走向了世界，进行了更为广泛的传播。

3. 文化传播服务于文化软实力和文化主导权的构建

文化软实力的概念是由美国人约瑟夫·奈提出的。软实力不是以有形的力量去压迫对方，它是从包括意识形态、道德准则、社会制度、生活方式、文化吸引力、政治价值观吸引力及塑造规则和决定议题的能力等方面以无形的力量入手，依靠自身的"吸引力"来诱导对方妥协和跟随。文化主导权的提出者是西方马克思主义的著名理论家、意大利共产党的早期建设者和领导人之一安东尼奥·葛兰西。文化主导权指的是统治者从意识形态及文化领域入手，使被统治者心甘情愿而非强迫性地认可和接受统治阶级的意识形态和世界观、价值观，以及文化、道德、习俗等，并被支配和同化。

文化传播、文化软实力和文化主导权三个概念是相互贯通、互为依托的。文化软实力并不是一个孤立的概念，它是建立在文化比较的基础之上的。在没有不同国家、地区以及社会群体之间文化的交流、对比或者碰撞的情况下，单独谈软实力是没有意义的。同时，软实力不是一个静止的概念，而是一个动态的概念。软实力的实现必须通过社会文化的流动和接触，也就是文化传播来实现。这其中文化传播是基础和手段，是软实力得以实现的工具和现实途径。同时，文化软实力给予了文化传播的内生动力和必要支持。文化主导权是对社会文化和主流意识形态的把控。所以，文化主导权的外在表现就是主流意识形态在面对其他意识形态的文化传播时，能够以自身的文化软实力来有效地维护和掌控社会文化的根基。这样看来，文化主导权不但根植于文化软实力，而且是文化软实力的终极体现，是文化软实力和文化传播的服务对象。文化传播和文化软实力构建的最终目的就是对于文化主导权的掌控。

对于山西抗日根据地的共产党人来说，如何使广大人民群众自觉地在思想意识、道德规范、社会制度、生活习惯、精神文化、行为方式等方面同封建、保守的社会文化相脱离，接受中国共产党的主张，并积极投身反抗侵略和封建压迫的斗争中，就是中国共产党人在山西抗日根据地一切文化建设工作所要达到的目的。在这个转变过程中，中国共产党人并没有以暴力和强迫的手段来裹挟山西抗日根据地的广大人民群众，而是以自身的文化软实力通过文化传播的方式，逐步构建起了全新的社会文化形态，比较全面地达成了中国共产党人的军事和政治工作目标，并牢牢地掌握了社会文化的主导权。正如当时的文艺工作者所说："我们的文艺反映抗战中民众的英勇光辉的斗争，来鼓舞最大的民族战斗热情，来争取胜利；我们要建设新民主主义社会，我们的文艺通过所刻画的各阶级人物的典型，和他们的相互联系，来指示新民主主义的具体道路。"①所以，当我们回望山西抗日根据地的文化建设时，会发现中国共产党的文化传播的过程同时也是中国共产党文化软实力和文化主导权的构建过程。

对中国共产党建党以来的革命历程和建设经验的总结可以发现中国共产党人在文化建设方面的三个特点：首先，文化软实力的建设始终是中国共产党克敌制胜的优良传统。文化软实力的建设与斗争方面的工作始终是中国共产党人工作的重点。在中国共产党革命斗争的历史进程中"敌强我弱"从来都是硬实力方面的比较，在文化软实力和社会文化的主导权方面来说，中国共产党从来都是占据优势地位的。其次，中国共产党文化软实力的建设是通过文化传播的途径来实现的，其最终的社会效果就是在社会文化软实力方面占据强势地位，并牢牢地掌握着社会文化的主导权。最后，社会文化主导权的获得是中国共产党取得全面胜利的重要保障，也是中国共产党人的革命斗争区别于其他武装力量的根本特点。

三、山西抗日根据地文化传播研究的理念及基本遵循

中国共产党山西抗日根据地文化建设工作取得的丰厚成果，使得整个抗战期间中国共产党在同山西地区的国民党势力和日伪势力对抗时，能够在文化软实力的较量中始终占据优势地位，进而牢牢地掌握着社会文化的主导权。这种局面主要是通过中国共产党的文艺队伍在文化理论、新闻、文学、教育、音乐、戏剧、美术、影像等社会文化生活的若干方面，将中国共产党人的军事和政治方针、政策，以及文化思想等方面的主张，

---

① 谷雨 [J]. 1942, (5).

结合山西抗日根据地自身的特点以新文化、新气象的面貌，广泛地向山西抗日根据地的社会大众进行传播而取得的。这些方面的文化传播工作，是中国共产党在抗战时期软实力建设工作的具体呈现，是中国共产党在军队发展和政权建设方面争取民众、进而夺取社会和文化主导权的成功典范。毕竟，在抗日战争之前山西的广大地区还是一片"新文化的沙漠"，大众传播和文化建设甚少或者几乎没有，周而复在《晋察冀行》中有过这样的描述："虽然过去报纸和农民不相干，但现在……读报正成为他们生活的一部分。"① 中国共产党在山西抗日根据地的文化传播活动造就了近代山西黄土高原的第一个"新文化的高峰"。《山西抗日根据地文化传播研究》的理念，就是要运用历史唯物主义的分析方法，真实地反映历史，深入探讨中国共产党人在文化传播、文化软实力建设和文化主导权的构建等方面的经验和教训。对此，我们在研究和撰写的过程中要基本遵循以下五个突出：

第一，突出党性。在《山西抗日根据地文化传播研究》的整个写作过程中，我们时时刻刻都能感受到中国共产党领导下的山西抗日根据地在创立、建设和发展的各个阶段中，中国共产党人在坚定的信念下所表现出来的不可动摇的党性光芒。这种光芒不但体现在山西抗日根据地军事斗争方面，更体现在中国共产党的文艺队伍在文化理论、新闻、文学、教育、音乐、戏剧、美术、影像等若干方面广泛地向社会大众进行了生动的传播。我们在丛书的写作中，就是要以鲜活的历史史实来展现中国共产党人在决定中华民族命运的关键时刻的历史担当，并把这种坚定的党性贯彻于写作的始终。

第二，突出人民性。中国共产党的党性和人民性是一个辩证的统一体。"人民，只有人民，才是创造世界历史的动力"②，这是中国共产党人唯物史观的基本原则。自建党始，中国共产党人的初心和使命，就是为中国

---

① 达格芬·嘉图. 走向革命 [M]. 北京：中共党史资料出版社，1987：276.
② 毛泽东. 毛泽东选集（第三卷）[M]. 北京：人民出版社，1991：1031.

人民谋幸福、为中华民族谋复兴。中国共产党的文化建设归根结底是来自于人民、服务于人民的。同时，人民性也正是中国共产党文化软实力建设和文化主导权构建的核心。对于中国共产党而言，脱离开人民性的文化传播是无本之木，只有以人民群众的根本利益作为中国共产党所有工作的出发点和落脚点，充分调动人民的积极性和主动性，这样的文化软实力和文化主导权的建设，才是真正建立在全体人民的立场的，才真正具有牢不可破的坚实性。山西抗日根据地的文化传播无论是传播的内容、对象、渠道，还是方式和方法，都是围绕山西抗日根据地的人民这一中心展开的，反映着根据地人民群众的文化、思想和情感，代表着人民群众的利益、诉求和愿望。将这种内在的人民性在山西抗日根据地文化生活的若干主要方面进行展现，也是编写本套丛书的重要目的。

第三，突出逻辑性。在《山西抗日根据地文化传播研究》的写作中，我们发现单纯的历史史实的堆砌并不能有效地突出"文化传播的历史"这个主旨及内涵。对此，我们需要从文化的基本概念入手来了解文化的特点和属性问题，从文化的流动性来理解文化传播的内生性，从文化的接触、交流和碰撞中来观察文化传播过程中产生的文化话语权或者主导权的问题，进而发现这其中斗争各方文化软实力的建设与博弈。在这样的逻辑线索下，充分理解山西抗日根据地的文化传播在文化理论、新闻、文学、教育、音乐、戏剧、美术、影像等各个部分所涉及的内容对中国共产党革命文化传播的重要性。因此，本套丛书的卷与卷之间、卷与整体之间都有着相同的主线和内在的逻辑关系，其宗旨都是全面地反映中国共产党领导的山西抗日根据地在文化领域中开展革命斗争的巨大作用和重要意义。

第四，突出当代性。山西抗日根据地是中国共产党领导下完整的而又有相对独立性的地方政权。中国共产党在山西抗日根据地的工作，为新中国成立后的全面执政提供了丰富而鲜活的社会经验及人才队伍，进而使这两个历史时期文化传播事业的许多方面都表现出很强的一致性。历史的经验证明，中国共产党人在山西抗日根据地所体现出的思想、方法和经验，已经成为中国特色社会主义思想理论体系、工作方法和经验的历史源泉之一。

山西抗日根据地时期文化传播事业的成功经验以及其中所包含的政治智慧，今天依然不乏启示意义和借鉴作用。鉴往知来，历史总是系于当下的需求，从这个意义上讲，一切历史都是当代史，即使在文化传播事业飞速发展、新时代中国特色社会主义的宏伟蓝图徐徐展开、中华民族伟大复兴胜利在望的今天，回顾这段历史依然不乏当下意义。

第五，突出融合性。"山西抗日根据地文化传播研究"拥有一个集多学科专家学者于一体的研究团队，也是一个多学科交流融合的学术平台。作为多个平行的学科，各自都有着自己的学科框架和研究重点。山西抗日根据地文化传播研究就是将历史、传播和各自的专业学科相融合，以历史为线索从传播学角度去检视山西抗日根据地中国共产党文化事业的传播主体、传播方式、传播途径、传播效果等问题，这项研究是具有开创性的，也是有意义的。为了在写作中突破学科壁垒，使学科有机融合，我们多次和历史学、传播学的专家学者反复研讨，破解难题，形成共识，迎难而上，填补学术空白，力求为文化传播史的学术前沿开拓出一片新的天地。

四、山西抗日根据地文化传播研究的主要内容

中国共产党人在山西抗日根据地进行的文化传播并不是仅仅局限于某些单独和孤立的方面，而是在全社会的层面，分层次、成系统、全方位展开的，是一套完整的社会体系的构建，具体体现在文化理论、新闻、文学、教育、音乐、戏剧、美术、影像等社会文化生活的若干主要方面。这些方面的工作既相互联系，又相互区别，在共同完成中国共产党赋予的社会和政治任务的同时，牢牢地掌握了社会文化的主导权。《山西抗日根据地文化传播研究》丛书的研究也正是沿着如下的路径而展开的：

抗战文化理论既是早期马克思主义中国化理论（毛泽东思想）的重要组成部分，又是山西抗日根据地文化宣传工作的理论基础和方法论指导。抗战文化理论来自山西抗日根据地文化宣传实践对理论指导的需求，

是中国共产党人苏区"理论武装群众"工作传统的继承、创新和发展。深入研究抗战文化理论的形成、实践和发展,揭示其所蕴含的精神价值、理论价值、实践价值,不仅有利于对山西抗日根据地文化传播理解的深化,更有利于理解中国共产党对民族精神和时代精神塑造的价值和对实践的指导。

山西抗日根据地新闻传播是中国共产党人最重要的文化传播手段之一。在中国共产党的领导下,山西抗日根据地新闻传播事业从无到有,由小到大,克服重重困难,编辑创办了大量的报纸、杂志,宣传党的方针政策,指导根据地建设,更新了旧的思想文化。在舆论阵地上同日军和国民党顽固派展开斗争,创造了很多办报史上的传奇,并在中国共产党的新闻传播史上留下了光辉的印记。

抗战中的中国文学肩负着唤醒国民起来抗争的历史重任。山西抗日根据地的文学工作者是中国共产党文化软实力的重要建设者,他们走出了象牙塔,离开了书斋,进入山西抗日根据地军民的具体社会实践与抗敌斗争中,使得抗战文学获得了全新的、取之不尽的源泉,构建出抗战文学传播的方向,为根据地政权的巩固和发展发挥了重要作用。山西抗日根据地的文学创作与传播有效地完成了中国共产党赋予的夺取文化主导权的历史任务。

抗战时期,山西抗日根据地民众的文化水平普遍很低。根据地人民在中国共产党的领导下,因时因地制宜,利用各种人力和资源,克服恶劣条件下的重重困难,基本建立了以革命干部的教育为重心、青少年儿童的学校教育为主体、人民群众的社会教育为基础的特殊教育体系。运用各种灵活的教育方法,开展冬学运动,开设民众学校、大众补习学校、农民夜校、识字班、读报组等各种民众教育,在扫盲和提高民众文化水平的同时,唤醒了民众的民族与革命意识。

"音乐最适合用来唤醒人们的灵魂。"山西抗日根据地涌现出了大量的抗战音乐工作者和歌咏团体。他们在歌咏活动中通过团体演出、口头教唱、民歌改编、刊物印刷等各类文艺宣传活动,在山西抗日根据地形成了军民团结起来共同奏响抗日救国主旋律的生动社会文化景观，创造并构筑了山西抗日根据地音乐传播的时代记忆和民族精神史诗，更为新中国的音乐创作和传播提供了丰富的社会实践经验。

从舞台走向田野的革命戏剧活动在中国共产党政治思想的传播中占有重要地位。山西抗日根据地的革命戏剧工作者先后组织了上千个各类剧团（社），创作出大量的贴近民众、贴近战斗和生活的戏剧作品。在戏剧的指导思想、剧本创作、剧团管理、人员培训、组织宣传等方面积累了全新经验，完成了自我提升，在宣传政策、统一思想、团结群众等方面做出了不可估量的贡献，也为新中国戏剧事业的发展提供了丰厚的社会历史经验。

美术图像是视觉传播的载体，同样也是中国共产党人领导山西抗日根据地对敌斗争的有效武器。在山西抗日根据地，党的美术工作者以游击战争的需要为出发点，以现实性和革命性为抓手，用能让民众读懂、看懂的传统民间美术语言形式，创造出新的根据地美术范式和美术图像传播方式，有效地鼓舞了民众斗志，揭露了日本侵略者的恶行，坚定了根据地军民必胜的信心。山西抗日根据地的美术活动所孕育出的根据地美术范式和传播形式，时至今日仍然具有重要的影响和价值。

"影像"是艺术表达和日常生活中应用最广泛的传播符号。在大众传播中，它特殊的符号性和其自身所传达意义的无限可能性创造出了一个又一个"视觉神奇"。山西抗日根据地的"影像"真实而形象地宣传了中国共产党的方针政策，记录了中国共产党领导的八路军在山西抗日前线浴血奋战的英雄事迹，反映了山西抗日根据地军民团结、支援前线的艰苦岁月，揭露了日本侵略者在山西犯下的种种罪行。

丛书中的每一卷都是《山西抗日根据地文化传播研究》的一个重要组成部分，但各卷又自成体系，独立成书。

五、研究山西抗日根据地文化传播的作用及现实意义

2014 年 10 月 15 日，中共中央总书记、国家主席、中央军委主席习近平同志在北京主持召开文艺工作座谈会并发表重要讲话。习近平总书记指出，文艺事业是党和人民的重要事业，文艺战线是党和人民的重要战线。习近平总书记还指出："每到重大历史关头，文化都能感国运之变化、立时代之潮头、发时代之先声。"2015 年 9 月 3 日，在庆祝伟大的抗日战争胜利 70 周年的庆典中，习近平总书记进一步指出："中国人民抗日战争和世界反法西斯战争，是正义和邪恶、光明和黑暗、进步和反动的大决战。"这场战争"彻底打败了日本军国主义侵略者，捍卫了中华民族 5000 多年发展的文明成果"，"开辟了中华民族伟大复兴的光明前景，开启了古老中国凤凰涅槃、浴火重生的新征程"。中国共产党在山西抗日根据地的文化传播工作正是在国运变化之际担当起了立时代潮头、发时代先声的历史重任。文化是民族生存和发展的重要力量，中国共产党山西抗日根据地的文化传播、文化软实力和文化主导权的构建历程，赋予了中华民族强大的精神文化力量，为中华民族的发展注入了全新的文化基因，同时也为新时代的文化传播、文化软实力和文化主导权的构建提供了丰富、可靠的历史参照。

当今世界正经历百年未有之大变局，中华民族正处于实现伟大复兴的关键时期。1840 年以来，中华民族从来没有像今天这样靠近世界舞台的中央，从来没有像今天这样接近实现民族复兴的伟大目标。面对外部挑战与机遇并存的纷繁局势，习近平总书记指出："古往今来，中华民族之所以在世界有地位、有影响，不是靠穷兵黩武，不是靠对外扩张，而是靠中华文化的强大感召力和吸引力。我们的先人早就认识到'远人不服，则修文德以来之'的道理。"为此，我们必须继续推动社会主义文化的繁荣兴盛，继续牢牢地掌握意识形态的工作领导权，培育和践行社会主义核心价值观，坚定文化自信，建设社会主义文化强国。我们必须从建设社会主义文化强国的高度，继续做好新时代的文化传播工作，为国家文化软实力的"行于中、发于外"提供助力，将文化主导权牢牢地掌握在中华民族自己手中。

　　学术研究无止境，山西抗日根据地文化传播研究是一次全新的学术探索。虽然有关抗日战争和山西抗日根据地的研究成果颇多，包括政治、经济、军事、社会、教育、文艺等方面，但从传播学的角度，以文化传播的概念和范畴为主线对山西抗日根据地进行研究的成果还非常有限。而山西抗日根据地文化传播研究所要呈现的山西抗日根据地的中国共产党革命文化传播的历史，就是在传播学的概念和范畴中去探讨作为新兴文化源头的中国共产党，是如何通过文化的辐射和传播对山西抗日根据地的创立、建设、发展的过程及全民抗战产生积极的作用的，这就使得本书具有了不同于传统视角的重要学术价值。当然，对于这样一个具有挑战性、前沿性的学术创新研究，一是需要作者具有宽厚的多学科的知识背景和较高的理论素养，二是需要大量翔实的历史资料和相应扎实的实地考察。对此，我们在写作中最大限度、尽可能全面地去搜集历史资料，力图用更高、更新的视角去回望历史，尽可能客观地再现这段辉煌的传播历程，完成我们这代人对那段难忘的岁月应负的历史使命。希望通过我们的努力，能对中国抗战史的研究起到补充和深化作用，能够进一步推动和完善对山西抗日根据地的研究。我们这个团队以年轻教授和博士为主体，大都是初次接触这样的重大学术创新课题，再加上思想水平、历史功底、认知能力和文字表述能力有限，在历史资料的搜集和挖掘上还存在缺失和遗漏，在历史资料整体性的把握上还显得稚嫩和不足，故疏漏与谬误在所难免，我们真诚地欢迎专家和学者的批评指正。

山西传媒学院文创中心

张汉静

2020 年 6 月

目 录／CONTENT

导论 抗日根据地的教育事业与传播

左权将军烈士陵园的纪念碑上，镌刻着朱德总司令为其题写的诗句，其中"太行浩气传千古，留得清漳吐血花"一句，高度赞扬了左权将军的丰功伟绩。左权同志及其战友长年奋战在太行山的战争前线，从这首诗中可见山西抗日根据地在整个抗战期间的重要地位与作用。

伟大的中国人民抗日战争，是中华民族近代历史上的重要里程碑。经过抗日战争的洗礼，中国人民结束了近代以来被西方列强欺凌的历史，赢得了民族独立与解放。经过抗日战争的洗礼，中国社会也发生了深刻的变革，彻底摆脱了历史传统的禁锢，轻装快行，迈开了现代化转型的步伐。在"五四"运动的推动下，民主理念开始深入人心，现代科学、文化、教育迅速兴起。但是，在相当长一段时间里，"五四"运动的影响只存在于社会知识精英层面，很少会触及到普通民众。日本侵华战争的爆发将整个中国社会推向苦难的深渊，外族侵略唤醒了中国人民的民族意识，也激发起全社会团结抗日的巨大热情和强烈意愿，全民抗战迅速兴起。"五四"运动拉开的中国社会现代化发展帷幕以此为契机，从社会精英层面向全社会扩散。

中国人民的抗日战争不只是一场军队之间的对抗，而且是两大民族之间的全面较量。在此过程中，教育发挥了启民智、聚民心、强民力的重要作用，是赢得抗日战争最终胜利的关键保障之一。

抗日战争爆发后，中国共产党领导的八路军、新四军深入敌后，开展敌后游击战争，担当起整个抗日战争的中流砥柱。山西有着独特的地理位置、地形特征以及深厚的革命基础，天然地成为敌后抗日战争的主战场。在中国共产党的领导下，山西创建了多个敌后抗日根据地，是敌后抗战的重要基石。山西抗日根据地的教育及其传播也成为敌后抗战过程中一个重要的方面。

一、教育与传播

教育几乎是与人类社会同时出现并伴随人类历史始终的社会现象。汉语中，很早就使用教育一词。按照《说文解字》的解释，"教"指上行下效，"育"指养子使行善。《孟子·尽心上》中记载的君子三乐之第三乐——"得天下英才而教育之"，是教育一词较早的出处。西方语境中，英文教育一词用 education 表示，源自拉丁文"educare"，本意是"引导出"。现代意义上，教育有广义和狭义之分。狭义的教育单指学校教育，广义的教育泛指一切影响人们身心发展的活动。

众所周知，人类社会的形成是自然界长期发展演变的结果。在从猿到人的演变过程中，劳动发挥了决定性的作用，并最终使人与其他动物区别开来。主体机制的形成是这个过程的主要内容。所谓主体机制，就是指脑的思维和手的操作。脑思维的形成是重要的标志。脑思维能力的形成，使得人类能够借助语言通过学习掌握抽象的间接经验，不断积累知识。这也正是教育的起源。由此，教育与传播同宗同源。或者可以认为，教育的本质就是知识和经验的传播。

从字面上理解，传播是传送散布的意思。作为一个专有名词，广义的传播是指通过一定的媒介或者途径进行的有目的信息传递。根据这一概念界定，传播可以分为三种类型：第一，人或者人的群体对自然物的信息传播，如人操纵和使用电脑。第二，自然物之间的信息传播，一个系统向另一个系统传送信息，以达到控制或反馈的效果。例如，现代精密机器系统的各个子系统之间需要经常进行信息传递。第三，人或者人群之间的信息传播。一般而言，我们通常使用传播这一概念时，主要是指第三种类型，即人或人群间的信息传送。

社会生产力越是发展，社会分工越是精细，人与人之间的信息交流的需求就越是强烈，传播也就越是频繁。进入现代社会后，社会化大生产成为最主要的生产方式。社会化大生产的主要特征就是精细的社会分工和频繁的商品交换，对传播的需求也就越来越强烈。传播因而成为现代社会的一项专业性活动，进而以此为基础形成一门专门的社会科学门类——

传播学。从发展历史及基本方式看，传播可以划分为以下三种基本类型：

第一，人际传播。这是最基本的传播方式，信息在人与人之间直接传播，口头或者书面语言是最主要的传播媒介。

第二，大众传播。大众传播是指进入现代社会后，以现代印刷、电子技术为基础形成的一种面向大众的传播。在大众传播活动中，有特定的传播主体，如报刊社、广播电台等。但传播的信息直接针对大众，没有固定的传播对象。大众传播是一种单向度的传播。

第三，网络传播。这是进入信息时代后出现的全新传播方式。传播的媒介是互联网。网络传播的特征是传播的主体、客体均不固定。人人可以是传播者，人人也都可以是信息的接收者，而且主、客体之间可以进行互动。

教育涵盖了三种基本的传播类型。无论广义的还是狭义的教育，均可以借助三种传播形式实现知识的传递。而且，教育本身也在随着传播的发展而发展。

二、教育与抗日斗争

抗日战争全面爆发后，整编后的八路军三个主力师分批东渡黄河，创建了晋绥、太行、太岳、晋察冀抗日根据地。山西成为八路军主力师所在地，中国共产党领导的八路军在山西这片热土上与穷凶极恶的日本侵略者进行了艰苦卓绝的斗争，为赢得抗日战争的胜利做出了重大贡献。大力发展教育事业是山西抗日根据地抗日战争十分重要的一部分。

山西境内多山，太行、吕梁两大山脉分列东西两侧，自北向南纵贯全境，中间又有多座山脉横亘。山西的抗日根据地依托山区而建，远离中心城市，交通不便，文化落后。山西抗日根据地创建之初可谓是文化的荒漠。山区农村几乎是一个文盲的世界，识字的人很少，知识分子更少。这种状况显然很难适应时代需要，也不能承负争取民族独立、赢得民族解放的抗日战争的需要。因此，自根据地创建之初，党中央及根据地各级党组织和抗日民主政府就十分重视教育工作，将普及教育，提高干部、军人和民众的文化水平当作一项重大的任务。

根据抗日战争的需要,山西抗日根据地发展起了包括干部教育、社会教育、学校教育三种类型的教育事业。

干部短缺是抗日根据地面临的严重问题。在抗日根据地,抗日干部的培养教育从一开始就是一项十分急迫的工作。抗日根据地创建之初,中共中央北方局、中共晋察冀省委、晋豫省委、晋西北临时省委、山西省委相继开办干部培训班。党的干部经过短期培训迅速奔赴抗日第一线。进入 1940 年后,山西敌后抗日根据地局势基本稳定,旨在培养各类军政干部的学校如雨后春笋般建立起来。这类干部教育学校有多种类型。一是党校,中共中央北方局和各分局都办起了党校。二是抗日军政大学在各根据地设立的分校,如在太行抗日根据地开办有抗大总校和 5 个分校,太岳区设有抗大一分校和太岳分校,北岳区(晋察冀)设有抗大二分校。三是其他类型的干部培训学校。如晋冀鲁豫边区行政干部学校、山西民族革命大学等。在这些学校中,各级干部主要学习政治理论、社会历史、军事知识、形势政策等。山西抗日根据地的干部学校办学条件极为艰苦,但在中国共产党的坚强领导下,革命干部们自力更生,艰苦奋斗,发扬艰苦朴素的工作作风,坚持理论与实践相结合、学习与劳动相结合,保障了干部教育事业的蓬勃发展,为抗日战争培养了大批干部。以太行抗大总校和 5 个分校为例,7 年时间里先后培训军政干部 1.7 万多人。根据地的干部教育为赢得抗战胜利培养了大批骨干力量。

社会教育是指针对一般社会民众,尤其是根据地的农民大众进行的成人教育。山西抗日根据地的社会教育可以分为两个阶段。1939 年以前,也就是抗日根据地创建初期,主要是通过"民革室"(民族革命室)或"救亡室"等形式,向根据地群众讲解战争形势,宣传党的抗日政策和根据地建设的基本方针、法令等,同时,也会组织开展一些群众文化活动。在太行抗日根据地,"民革室"最多时有 2500 多个。1939 年之后,开展冬学运动成为抗日根据地社会教育的主要方式。冬学运动的广泛开展唤醒了根据地群众的民族意识,提升了广大农民的文化水平,促进了党的各项方针政策在根据地的贯彻落实。这是一项极有意义的社会教育运动，对抗日战争的胜利和根据地农村面貌的改变都有着十分重要的意义。

抗日根据地还发展起了健全的学校教育体系。根据地的学校教育主要是针对适龄儿童开展的义务教育。根据地建立伊始，抗日民主政府就很快建立起教育行政部门，专门负责筹集经费、修缮校舍、发行课本，积极恢复小学教育。到抗日战争后期，根据地还以专署为单位，建立起了中学。经过努力，抗日根据地建立起了较为健全的国民教育体系，为抗日战争储备了大量的人才。

三、传播视域下的根据地教育

1948 年，被誉为现代传播学奠基人的拉斯韦尔发表了其代表作《社会传播的结构与功能》一文，文中提出了著名的"5W"理论，即传播的五大基本要素：第一，传播的主体，即由谁来进行传播。第二，传播的内容，即传播主体发送出什么样的信息。第三，传播的媒介，即信息通过什么样的介质抵达被传播对象。第四，传播的受众，即什么样的人或者人群接收到了信息。第五，传播的效果，即信息对受众产生了什么样的影响。"5W"理论是了解传播活动的基本框架。

在传播视域下认识和分析山西抗日根据地的教育发展，自然也需要基于"5W"框架。

第一，传播的主体。回顾山西抗日根据地教育发展的历程，无论是干部教育、社会教育，还是学校教育，教师显然是最主要的传播主体。对于这个问题，需要做两个层面的分析。一个层面是诸多的教育类型由大批教育工作者主导实施。这些教育工作者是最直接的传播主体，所有的信息都是由他们传播给受众的。因此，教师的知识水平、人格特征、个性倾向等必然影响着传播过程。另一个层面是虽然教师存在个性差异，但各类教育中的教师都是党领导下的教育工作者，承担着同样的使命，完成着同样的任务，因而又有很大的共性。作为宏观层面的研究分析，本书主要从共性层面思考。

第二，传播的内容。抗日根据地各类教育的传播内容大体类似，主要包括政治理论、形势政策、科学文化、军事知识、生产技能、社会历史等基本内容。根据教育的类型，这些知识的侧重点有一定的不同。干部教育中，政治理论、形势政策、军事知识是最主要的内容。社会教育中，更侧重于文化知识、生产技能、形势政策等。学校教育则主要以文化学习为主，辅以其他的教育引导。

第三，传播的媒介。抗日根据地时期，经济技术发展还很落后，教育仍然采取最基本的方式，即以课堂讲授为主要方式，讲课是最主要的传播媒介。此外，根据教育的需要，也编撰出版了各种教材。课本也是重要的传播媒介。社会教育中，根据地文化部门出版发行了多种多样的报刊、杂志、画报等，这些大众传媒也是重要的传播媒介。

第四，传播的受众。前文已经涉及到，干部教育的传播受众主要是各级军政干部，社会教育的传播受众是社会民众，其中主要是广大农民群众，学校教育的受众主要是根据地的适龄儿童。

第五，传播的效果。整体看，根据地的教育事业在整个抗日战争过程中发挥了十分重要的作用。概括起来，就是启民智、聚民心、集民力。具体而言，干部教育为抗日战争培养了大批干部，是支撑起全部抗日力量的脊梁。社会教育提高了全社会的文化素质，唤醒了民众的民族意识，夯实了抗日力量的社会基础。学校教育为抗日战争及以后的革命事业培养了后备人才，为民族独立提供了保障。

第一章 山西抗日根据地的教育发展

在传播视域下认识和分析山西抗日根据地的教育事业，首先需要全面把握山西抗日根据地教育事业的发展概貌。总体看，山西抗日根据地的教育发展经历了三个阶段。第一阶段是根据地创建初期，当时百废待兴，教育基础也很薄弱。第二阶段是根据地巩固发展时期，这一阶段根据地建设走上正轨，教育事业也蓬勃发展。第三阶段即抗日战争后期，经过前一阶段的积累，根据地的教育事业欣欣向荣，教育的功能也全面显现。

第一节 抗日根据地教育事业初创（1938年8月—1940年12月）

1937年7月7日，日本侵略军悍然发动卢沟桥事变，日本全面侵华战争爆发。西安事变后，全民族团结抗战的呼声日益强烈，国、共两党开始了合作抗日。中国共产党顺应形势，提出了建立抗日民族统一战线的主张。1937年8月，中共中央在陕北洛川召开会议，会议通过了《抗日救国十大纲领》。随即，中央军委发布命令，将中国工农红军主力改编为国民革命军第八路军。随即着手准备东渡黄河，挺进抗日前线。1937年8月31日，八路军115师从陕北芝川镇东渡黄河。紧接着，120师、129师也相继东渡。9月，八路军总部也东渡黄河，进入山西。由此，八路军总部和三大主力全部挺进山西，开始着手创建抗日根据地。

一、山西抗日根据地的创建

1. 晋察冀根据地。115师东渡黄河后即赴晋东北参加忻口会战，并深入敌后，从侧翼打击敌人。9月25日，在平型关设伏，给予日军重创，歼敌 1000 余人，取得了全面抗战开始以来的首次大捷。随后，在山西、河北、察哈尔交界的地区扎根下来。同年 10 月，115 师主力继续挺进敌后，时任 115 师政委的聂荣臻率领部分八路军战士及党政干部 3000 余人留驻在以五台山为中心的晋东北地区。

1937 年 11 月 7 日，中共中央决定，以河北阜平、山西五台山为中心，成立晋察冀军区，聂荣臻任司令员兼政治委员。晋察冀军区成立伊始即受到日军的重兵围困，晋察冀军民进行了顽强抵抗，运用游击战、伏击战多次消灭来犯之敌，最终迫使日本侵略者退缩到铁路沿线，晋察冀军区的影响范围扩大到 30 余县。

1938 年 1 月 10 日，晋察冀边区各界代表大会在河北阜平召开，包括工人、农民、开明士绅、资本家、五台山僧侣等在内的 140 余位代表出席会议，经过民主选举，成立了晋察冀边区临时行政委员会，宋劭文任委员会主任，胡仁奎任副主任。这是由中国共产党领导的、具有明显统一战线特征的抗日民主政府。

2. 晋绥抗日根据地。1937 年 9 月下旬，贺龙、关向应率领八路军 120 师主力挺进晋西北管涔山一带。不久，续范亭率领的山西民族革命战地动员委员会（简称"动委会"）及山西新军 1 万多人也进入晋西北地区。在中共晋西北临时委员会、动委会、牺盟会的协同领导下，开辟了晋西北抗日根据地。1938 年 2 月，晋西北抗日军民与日军激战近一个月，歼灭了大批敌人，解放了 7 座县城，粉碎了日军的进攻，巩固了晋西北抗日根据地。

1938 年 7 月，120 师派出由李井泉率领的大青山支队，经雁北地区向绥远挺进，到同年 12 月，以大青山为依托，开辟了绥西、绥南、绥中三块游击根据地，逐渐与晋西北根据地连接起来，构成了晋绥根据地。

晋绥根据地的主要部分在晋西北地区，是党中央和陕甘宁边区的安全屏障和后勤物资供应基地，在整个抗日战争中发挥了独特的作用。

3. 晋冀豫抗日根据地。以南太行为核心的晋、冀、豫三省交界地区，西起同蒲铁路，北接正太铁路，南临黄河，东抵华北平原，是华北地区重要的战略要地。八路军 129 师东渡黄河入晋后，迅速挺进这一地区。

1937 年 11 月，129 师在和顺县石拐镇召开会议，决定依托太行山、太岳山建立抗日根据地。随后，129 师各部在牺盟会、决死队的配合下分散到各地，宣传抗日，发动群众，很快在太行山各县建立起抗日政权。1938 年 2 月，129 师在辽县召开军政委员会会议。根据会议的部署，129 师抽调干部协同中共晋豫边区特委发展抗日游击战争，逐步建立起北到晋察冀边区、南到黄河、控制太行太岳两大山脉的抗日根据地。先后粉碎了敌人的六路围攻、九路围攻，晋冀豫抗日根据地得到巩固。

二、抗日根据地初创时期的教育

抗日根据地创立初期，主要是贯彻落实党中央的教育方针，恢复受战争影响而遭到破坏的各类教育。早在 1937 年 8 月中共中央发布的《抗日救国十大纲领》中，就明确提出实行"抗日的教育政策，改变教育的旧制度、旧课程。实行以抗日救国为目标的新制度、新课程"。

山西抗日根据地创建之初，联合抗战已经得到社会各界的普遍认同，也成为大势所趋。抗日战争全面爆发前，阎锡山当局也在山西建立起一定的国民教育体系，随着侵略军的到来，原有的教育体系被彻底破坏，校舍倒塌，师资流失，学生减少，教育活动已经完全失序。抗日根据地的教育就是在这样的基础上起步的。这一阶段主要以干部教育和学校教育为主，社会教育虽然有所发展，但相对而言较为薄弱。

1. 干部教育

山西抗日战争时期较早的干部教育是在国共合作的框架内发展起来的。面对日本侵略者的威胁，阎锡山当局也希望能够笼络人才，以维护自身安全，同时，也在一定程度上同意与共产党合作。这就为中国共产党早期开展干部教育提供了空间。

(1) 山西民族革命大学

在牺盟会的推动下，经阎锡山同意，1938 年 1 月，在临汾铁佛寺开办山西民族革命大学，这是一所具有干部培训性质的教育机构。阎锡山兼任校长，并委托亲信梁化之代表他具体负责学校的创设，但具体工作则是由杜任之、梁膺庸、杜若牧等人主持。这些人都是未公开身份的共产党员。这样，党组织就可以借助阎锡山当局批准的合法机构开展干部教育。一方面，秘密培养革命干部；另一方面，吸引进步青年参加，为革命事业储备力量。山西民族革命大学初建的大约 1 年时间里是其发展的黄金时期，这一时期也正处于抗日根据地的创建阶段。当时的山西民族革命大学明显具有两方面的突出特点。

一方面，规模迅速扩张。山西民族革命大学开学后，还在临汾设有一个分院，在曲沃、运城等地设有四个分校。学员最高时期达 5000 余人，来自全国各地的进步青年受抗日救亡的感召汇聚到这里参加学习。教学内容以政治课和军事课为主，奉行政治挂帅，号称"七分政治，三分军事"。虽然明面讲授的是阎锡山的政治主张，但共产党及左翼人士施复亮、陈唯实、侯外庐、江隆基、薄一波、丁玲等也都到校授课。事实上，这里的进步思想传播也很广泛。

另一方面，师资力量雄厚。阎锡山兴办大学的主张也得到了当时很多进步人士的响应。沈钧儒、李公朴、邓初民、江隆基、潘汉年、秦丰川、胡磊、肖三、萧军等知名学者都曾在学校授课。一时间，名师云集，名流荟萃，产生了很大的影响。当然，不可避免地会存在一些反动保守的学者，但整体上并不影响学校的主流。

除民族革命大学外，阎锡山当局还在山西各地、各专署建立了民族革命中学或民族革命小学。这些教育机构承担着与民族革命大学类似的使命，只是层级相对较低一些。引人注目的是，这些中学、小学距离阎锡山统治中心较远，更易被中国共产党掌握。例如，1938 年兴县建立的民族革命小学共有 1 所总校和 8 所分校，学生有 500 多人，这些小学中有很多共产党员，教授的内容更多的是团结抗日的思想。

(2) 根据地自办干部教育

山西各抗日根据地自创建之日起就十分重视发展干部教育，积极创办各种党校、干校、军校，加紧对抗日革命干部队伍的培养教育。这一时期抗日根据地的干部教育具有鲜明的特点。首先是党中央和各级党组织高度重视，只要稍微具备条件就积极开展干部培训。边区各级党政军领导干部亲自主持学校建设，有的还亲自授课。其次，主要任务是培养党政军干部，因而也十分重视政治教育，辩证唯物主义理论和党的路线方针政策等成为培训的主要内容。同时，辅以必要的游击战争知识和业务知识教育。再次，坚持学用结合。这类培训往往没有统一的教材，教学内容大多根据实际工作的需要自行组织。培训时间也较短，一般都是短训班。这样的干部教育在较短的时间内培养出大批适应根据地军事、行政、党务等各类工作需要的干部人才，直接服务于创建抗日根据地的需要。

这一时期，根据地正处于初创阶段。一方面需要抵御日军的侵袭和破坏，另一方面还需要创建抗日民主政权，清除旧政权残余，根据地建设可谓百废待兴。在这样的背景下，尽管非常重视干部教育，但也只能采取灵活多样的方式，而且大部分属于军队办学。如，1937年冬，八路军驻晋办事处入驻临汾后即办起了学兵队，决死一纵队抵达兴县后办起了随营学校，晋察冀根据地各个分区都建立了子弟兵团。

2. 学校教育

山西抗日根据地创建之初就将恢复学校教育作为重要任务。大致在1938年春夏之交，一度停办的小学先后复学。以晋察冀根据地为例，1938年，晋察冀边区军政民代表大会通过的决议案中就有关于教育问题的决定，确定了5项文化教育的基本原则①：

（1）发挥高度的民族精神，加强抗战力量。

（2）培养健全的军事政治干部，领导抗战。

---

① 王谦．晋察冀边区教育资料选编（上）[M]．石家庄：河北教育出版社，1990：3．

（3）造就专门技术人才，建立抗战时期各种事业。

（4）培养热烈的新青年，扩大民族革命的基础势力。

（5）提高一般民众的文化水准，并增进他们的健康。

恢复教育的具体举措包括：

（1）恢复乡（村）镇的初级小学和高级小学，一律于春季开学，学生男女兼收，并于可能范围，设立幼稚园。

（2）编订各种救亡读物与教材。

（3）检定小学教师。重新检定小学教师，其认识不足，程度过低者，加以训练。

（4）筹集教育经费。

（5）扩大民众教育。普遍设立民众教育机关，加紧民众宣传，提高民众的娱乐及健康。

（6）扩大干部教育。广泛设立各种干部培训班、短期学校等，造就干部人才。将旧有军政人员登记训练，使之参加救亡工作，举办特种技术人才培训。

应当认识到，根据地初创之际教育基础薄弱，各地教育事业发展情况不同，因而小学教育恢复情况也存在明显差异。同时，教育恢复中还存在一系列问题，主要表现在以下几方面：

（1）**思想认识存在争议**

抗日根据地创建之初，在发展学校教育的问题上存在两个争议。一是教育工作可有可无的认识有一定影响。根据地社会文化和教育水平低，文盲率很高，很多人不理解教育的重要意义，不能正确认识教育在抗日战争中的重要作用。有的同志也是重视武装斗争，轻视教育。二是关于学校教育正规化的问题。根据地条件异常艰苦，很多地区连基本的温饱问题都解决不了，在这样的情况下，有些人认为学校教育正规化需要经济投入，但又看不到直接的效益，因而存在一定的抵触。

针对这些问题，根据地政府从政策上确立了实行免费义务教育的方针，积极恢复各级各类学校。

（2）教育行政体系不够健全

根据地各边区政府组建初期政权基础还不够稳固，组织机构变动也很大，教育行政体系不稳定的问题较为突出。以晋西北根据地为例，边区政府于1938年4月在首府兴县召开了第一次教育工作会议，提出了一系列恢复小学教育的方针和举措。但此后一直到第三次教育工作会议期间，教育行政机构的自流与混流现象十分严重，管理体系不清晰，职能不明确。甚至一段时间中取消了专署、县区的两级教育行政机关，一直到1938年底才全面恢复了各级教育行政机构。机构变动对于小学教育的恢复造成了一定的影响。

（3）教育基础薄弱

20世纪初，我国的教育还很落后。根据地大多位于偏远山区，教育状况更差，文盲率居高不下。晋西北抗日根据地文盲占总人口的90%左右，临县占95%，保德占83%[①]；太岳根据地的山区教育尤为落后，临汾的文盲占全县人口总数的90%以上，妇女文盲率更高。《襄汾县教育志》记载，民国时期，能供起子女上高小的占不足总户数的5%，能供起上初中的只占3%，上高中的占1%，上大学就更是极其稀缺。文盲、半文盲占85%以上[②]。

（4）教育与时代脱节

阎锡山时期发展起来的学校教育属于旧军阀时期的教育，学生所学内容五花八门，有相当部分还是封建传统教育的内容。这一现状显然与抗日救亡的时代需求格格不入，所培养的人才也难以承担争取民族独立和解放的重任。

---

① 晋西北行政公署 . 行政导报 [N].1941,2(2/3).
② 襄汾县教育志编纂委员会 . 襄汾县教育志 1840—1985[M].1999：5.

(5) 小学教育恢复情况不统一

从各根据地小学教育恢复的情况看，一般而言，在根据地的核心区，抗日民主政府政权较为稳固，小学教育恢复较好。以太岳区为例，到1939年底，包括沁县、沁源、平遥、介休、灵石、赵城、洪洞、临汾、安泽、霍县等在内的 8 个县恢复小学 1520 所，在校学生达到 46581 人 ①。但在靠近敌占区的地区，由于经常遭到日军的侵袭，敌我争夺拉锯比较频繁，小学教育的恢复就比较困难，而且存在反复。

这些问题的出现有着非常现实的原因，毕竟抗日根据地仍处在初建阶段，各项工作都处于起步阶段。同时，日军对中国共产党领导的抗日根据地非常敌视，经常派兵入侵骚扰，妄图破坏根据地建设。这就使得这一时期的小学教育恢复工作十分困难。但整体上看，在抗日根据地，毕竟迈出了恢复教育的步伐。

3. 社会教育

抗日根据地建立初期，各项工作尚未完全规范，大规模的社会教育难以展开。但中国共产党始终坚持群众路线，一贯重视宣传群众、动员群众、组织群众。所以，在根据地，社会教育始终广泛开展，而且融入到日常工作之中。

抗战开始后，随着八路军的到来和根据地的创建，历来交通闭塞的山区出现了文化教育空前繁荣的局面。以太行抗日根据地为例。根据地创建之后，中共中央北方局、八路军总部、129 师师部等领导机关以及抗大和鲁艺等学校陆续进驻太行区。1939 年华北《新华日报》创刊，各种抗日文化团体相继成立。这些文教机构的成立带来了很多高层次的知识分子。同时，当时许多著名的文化教育界人士前来访问或参加抗战，使得根据地人才荟萃，大大促进了抗战文化运动的蓬勃发展。在文化方面，开辟根据地时，共产党、八路军和许多救亡团体所到之处召开大会、唱歌、

---

① 李田定. 太岳革命根据地教育简史 [M]. 太原：山西经济出版社，2002：22.

演戏、写标语、画漫画,进行抗日宣传,带动了根据地各种文化事业的发展。1938 年 10 月,长期从事革命文艺运动的高沐鸿、王玉堂和从冀南来到太行山的教育家王振华共同创办了文艺刊物《文化哨》,冬天,延安鲁迅艺术学校派出的敌后木刻工作团由胡一川带领来到晋东南。1939 年初,三专署民革中学建立了培养文化和文艺干部的文教训练班。2 月,中华戏剧界抗敌协会太行山分会成立。5 月,晋东南文化教育界抗日救国会和中华全国歌咏协会晋冀豫边区分会成立。11 月,中苏文化协会晋东南分会成立。同时,中华全国文艺界抗敌协会晋东南分会召开成立大会,选举李伯钊、何云孙、刘白羽等人为理事。会后,广大文艺工作者分别到太南、太北、太岳、冀西等区开展抗战文艺活动。

第二节 根据地教育事业的艰难发展(1940 年 1 月—1943 年 12 月)

进入 1940 年后,抗日战争进入了相持阶段。山西各抗日根据地政权得到加强,群众基础得到巩固,根据地建设的各项事业出现了大繁荣、大发展。在这样的背景下,根据地的教育事业也实现了大发展。

一、新的教育方针

1940 年 3 月 18 日,党中央发出《关于开展抗日民主地区的国民教育的指示》,对学校教育和社会教育作出了相应的规定。

1.努力推进学校教育

(1)强调开展抗日民主教育的重要性。抗日根据地开展国民教育的主要任务是动员群众参加抗战,为革命培养知识分子与干部。各级党的领导机关及教育行政部门必须高度重视教育工作。

(2)加快发展抗日根据地的国民教育。尽可能地恢复或重建小学校,每村建一所小学,每个中心区一个两级小学或者完全小学。吸收与鼓励各类知识分子担任小学教员。开办训练班或讲习所,在中心地区设立师范学校,尽力培养各类教师。

（3）发布政府法令，劝说学龄儿童入学，帮助困难儿童解决入学难的问题，革命者家庭要发挥模范带头作用，送儿童上学。

（4）在有条件的地区设置公立中学，以吸引中高级知识分子，中学建设也应正规化。

（5）在必要地区创办女子小学，吸收青年妇女进学校学习，但同时应该提倡男女同学，所有学校均应允许并吸收女子入学。

2．大力发展社会教育

（1）依托各村各乡小学校建立民革室、救亡室、俱乐部等各种类型的文化教育活动中心，举办适合大众参加的识字教育活动。鼓励小学教员主持社会教育，实施"小先生制"。共产党员应积极参加这类活动，发挥模范带头作用，率先成长为知识分子。

（2）各级党的组织、政府机关、部队单位、学校、民众团体都应在其机关附近举办社会学习班，组织文化教育活动，办理民革室，吸收附近的群众参加，以帮助社会教育的发展。各单位应有专人负责此项工作。

（3）发展农村文化活动。利用戏剧歌咏等形式，坚持通俗化、大众化、民族化、地方化，推进社会教育。

（4）在每县的中心市镇设立民众教育馆，使之成为推广社教的模范。

（5）实施新民主主义的社会教育，以马列主义的理论与方法为指导，开展民族民主革命的教育与科学的教育。

（6）强化党对社会教育的领导。各级党委的宣传教育部内应该有国民教育科，通过政府的教育厅或科及其他国民教育的社团去领导国民教育。

这一指示确定了抗日根据地发展国民教育事业的方针，明确了具体的要求，指出了操作方法，指定了负责机构。这就为抗日根据地教育事业的发展奠定了政策基础。

3．大力推进干部教育

按照当时党的教育方针和政策，抗日的教育须以服务抗击日本侵略者为首要任务。为抗日战争培养大批干部、满足革命斗争的需要是教育工作的重中之重。抗日战争进入相持阶段后，根据地的干部教育轰轰烈烈开展起来。

二、学校教育艰难发展

抗日战争进入相持阶段后，在党中央教育方针的指引下，山西抗日根据地的教育事业蓬勃发展，学校教育正规化水平也有了很大的提升。

1940 年前后，山西各抗日根据地确立了规范的学制。一般而言，学校每年放年假、秋假，共约两个月时间，其余时间为教学时间。每个教学周内，低年级学生每周学习 18—20 个小时，高年级学生学习时间为 20—24 小时。课程内容方面，教学内容覆盖与初级普通教育相适应的关于自然、社会、劳动的基本知识和技能。初级小学课程以国语、算术、唱歌、运动等为主，适当开展一定的自然、劳动教育。高级小学的课程增加了自然、史地、社会、形势等知识，并开展适当的军事教育。教材建设方面，各根据地政府均编订出版了本区内通用的教材及补充读物。新的教材去除了以往教材中很多不适应抗日战争新形势的内容，补充了新民主主义教育的全新内容。随着新教材的使用，根据地的教育面貌焕然一新。以晋西北为例，到 1941 年，出版发行了小学统一的国语教材 1—8 册，初小常识教材 2—8 册，初小算术教材 1—7 册，发行 5 万余本 [①]

学校管理方面，创造性地建立了学生自治模式。通过组织学生会或俱乐部等方式，由学生自主管理，还明文禁止教师对学生实施体罚。教师对于学生自治只发挥指导作用。通过学生自治方式，培养学生的集体主义精神与民主主义作风。这一独特的制度创新是马克思主义教育理念在抗日根据地的开创性实践。

师资队伍方面，或者招收返乡知识分子，或者续聘旧教师或民办学校教师。同时，对这些教师进行集中培训，帮助他们确立抗日救亡的正确理念。经培训合格后，分配到不同学校担任教师。到 1940 年前后，根

---

① 刘淑珍 . 晋西北抗日根据地教育简史 [M]. 成都：四川教育出版社 ,2000：52.

据地各学校的师资力量有了明显提升。同时，抗日根据地的师资培训也成为常规工作，源源不断地为教育事业提供师资力量。

抗日战争进入相持阶段后，山西各抗日根据地的学校教育全面发展，学校数量、在校人数等迅速扩展。在晋西北抗日根据地，1940年9月，根据地所属19个县的统计，有高级小学26所，学生435名；初小1393所，学生61203名。到1941年5月，按21个县的统计，有高小28所，初小1761所，高级生890名，初级生74069名。[①]在晋察冀抗日根据地，到1941年之后，已经着手将普及义务教育作为工作重点，"今年动员学龄儿童入学在数量上要求平均达到全部学龄儿童的60%，不过实际上已有超过60%以上的地区"[②]。在太行和太岳根据地，小学教育发展势头也很迅猛。到1940年，太行全区32个县，建立小学校3770所。大部分县恢复到战前数量的80%—90%，个别县超过了战前水平。

在恢复和扩大初级小学的过程中，各根据地也着手开始建立高级小学和中等学校。同时，开始向游击区和敌占区渗透，与敌伪争夺教育主导权。但应当指出，相持阶段也是抗日战争最为艰难的时期，尽管各级各类学校教育有了很大的发展，但也经常受到日军侵扰。有时迫于敌情，学校需要放假；有时受条件限制，难以正常办学。学校教育在艰难中向前发展。

三、社会教育全面推行

冬学运动是抗日根据地社会教育的集中体现，是社会教育"最大量、最集中、最有效"的一种形式。事实上，早在抗日根据地初创时期就着手动员组织冬学，但由于经验不足，也受相关条件限制，冬学运动在推进中还存在不少问题，效果也不是十分理想。到1940年后，冬学运动迅速发展起来。以晋冀豫区为例，1940年冬季，共办冬学1801处，冬学学生73824人。[③]

---

① 刘淑珍.晋西北抗日根据地教育简史[M].成都：四川教育出版社，2000：54.

② 王谦.晋察冀边区教育资料选编（教育方针政策分册）[M].石家庄：河北教育出版社，1990：258.

③ 皇甫束玉.中国革命根据地教育纪事[M].北京：教育科学出版社，1989：195.

冬学运动一般由各边区"冬学运动委员会"具体组织推动，并得到党、政、军各机关部门的大力支持和协助。这段时间里，冬学运动之所以能取得较快发展，主要有三方面原因：第一，根据地创建初期存在的轻视教育的思想得到了扭转，各级政府的思想认识有所提高。第二，各地总结了前一段冬学运动的经验，加强了组织管理，颁布了制度规范，使得冬学运动得以稳定有序展开。如晋察冀边区发放了《扫除文盲调查表》《冬学调查表》《冬学运动总结提纲》等，边区政府准确了解全区冬学运动的情况，并有针对性地进行督导检查。第三，中国共产党的领导得到了抗日根据地人民群众的支持和拥护，根据地社会的组织化程度明显提高，党的各项方针政策得以更有效地贯彻落实。

以太行区为例。1940 年 1 月太行山区成立了鲁迅艺术学校。随着各种文化团体的成立，《抗战生活》《新华文艺》《随校文艺》《战斗文艺》《文化动员》《文艺轻骑》等文艺刊物和综合性刊物相继创刊，华北《新华日报》等报还创办了《戏剧》《敌后方木刻》等文艺副刊。这些团体和刊物对繁荣根据地的文化事业起了重要的组织和推动作用。在根据地的每个角落都可以听到抗战歌声，著名的《在太行山上》《八路军进行曲》《二月里来好风光》《军民合作歌》等歌曲流行全太行区，家喻户晓，男女老少都会唱。在晋东南、冀西地区，文艺工作者及时把各项抗战工作和重大事件编成民间小调传唱，如《破路歌》等，群众十分欢迎。这些歌曲和小调对群众起到了巨大的教育和鼓舞作用。其次是戏剧活动。除了军、政领导机关的大型剧团外，襄垣、武乡、辽县、黎城等县普遍建立了农村剧团。

除比较普遍地建立了"民革室""救亡室"，从 1939 年冬开始有计划地组织识字班，开展扫盲工作。这是抗战中文化教育工作最重要的任务之一。

四、干部教育迅速发展

抗战期间，党中央对干部教育高度重视，坚持不懈地推动干部教育。山西各抗日根据地也严格按照党中央的指示精神大力推动干部教育。抗日战争进入相持阶段后，根据地干部教育的发展体现在以下三个方面：

首先，干部教育机构得以健全。首先，在晋绥、晋察冀、晋冀豫各根据地都开办了抗日军政大学分校。在晋冀豫还兴办起抗日军政大学太行分校和太岳分校。这些分校在抗大总校的领导和组织下，各自为所在区域培养干部，干部教育的水平和层级都很高。除抗大分校外，各根据地也相继建立起各自的干部学院，如晋绥干部学院、晋察冀边区行政干校、晋冀豫省委（后为区委）党校等。同时，随着各根据地相继建立起中等学校，这些学校同时也肩负着干部教育职能，一大批干部进入中学学习。另外，各根据地还大量开办短期干部培训班，利用战争间隙抽调干部进行集中培训。这样，就形成了包括抗大分校、干部学院、党校、中学、短期干训班等在内的干部教育体系。

在晋西北抗日根据地，我们党也十分重视吸收知识分子，通过办学校把大批青少年学生培养成革命干部。晋绥二中创建于 1941 年 6 月，当时招考吸收的学生有五十多人，大部分是小学毕业生，也有小学未毕业的。对学生的年龄和文化程度没有严格的限制，入学都经过考试。晋绥二中由晋绥边区行政公署领导，中共晋绥二地委和二专署代管。晋绥二中的教员大都是大专毕业生，近三分之一是共产党员，教员的质量相当高。晋绥二中以培养革命干部为目标，贯彻了为根据地建设和抗日战争服务、教育和生产劳动相结合的办学方针。课程设置是政治思想教育和文化知识教育并重。从抗日根据地的实际需要出发，为党培养了一大批有初等文化知识的青年干部，满足了抗日战争胜利后党的事业由抗日根据地向全国发展的需要。

其次，干部教育与整风运动紧密结合，提高了干部教育的效率。延安整风运动开始后，山西各抗日根据地的干部教育也紧紧围绕整风运动展开，各级干部深刻检讨自己的学风文风，反思工作作风，深入开展调查研究，自觉回归到实事求是的原则上来，有效提升了干部培训的效果。

在太行根据地，1943 年冬季，太行分局撤销，中共太行区党委于 10 月制定了《关于今明两年完成全区整风任务及目前阶段计划》，提出由党委主要负责人直接领导，采取"机关整风学校化，学校整风机关化"的方法，区党委党校开办县级干部整风班，各地委党校举办区级（包括少数县级）干部整风班，有些县委举办村支部书记和少数区委的整风班，部队干部除了参加区党委党校的学习外，多数参加太行军区司令部政治部主办的整风学习班。区党委党校从 1943 年 11 月到 1946 年 3 月一共办了三期县级以上干部整风班（连同分局的一期共四期），同时在涉县温村办了报社、文联、干校等单位的联合整风班，在涉县索堡办了边区政府、工商局、交通局的整风班。各个整风班的举办时间、进度、做法有所不同。区党委党校整风班集中党、政、军、民主要干部一起整风，对于总结过去工作、加强以后工作中的团结合作有重大意义。

最后，集中培训与在职教育相结合。尽管党中央和各级党组织高度重视干部教育，但受当时各方面条件的限制，难以对所有干部进行全面而普遍的培训。在这种情况下，党中央号召干部开展在职学习，并于 1942 年通过了《中共中央关于干部在职教育的决定》。山西抗日根据地各级党组织迅速组织实施干部在职教育，列出了必读书目，提出了学习要求，并派出专门人员巡查指导监督。普遍开展的在职教育推动了这一时期干部教育的新发展。

第三节 根据地教育事业的壮大（1944 年—1945 年）

1944 年之后，抗日战争的形势已经发生了重大变化。日本侵略者出现颓势，被压缩在重点城市和交通线附近，无力发动进攻。抗日根据地进一步巩固，经济生产有所提升，社会秩序明显改善，抗日军民开始积蓄力量，准备全面反击日军。在这样的背景下，根据地的教育事业迎来了得以进一步发展壮大的契机。

一、学校教育全面发展

首先，学校数量迅速增长。抗战胜利前，各根据地面积迅速扩大，在此过程中，学校数量也随之增长，办学规模明显壮大。以太岳抗日根据地为例，1944年底，初小有2351所，在校学生137098名。有高小48所，在校学生4472人。[1]比几年前有了极大的发展。随着解放区面积的扩大，根据地政府开始采取有区别的教育发展方针。在老区，各根据地开始着手推行公助民办的措施，进一步动员社会力量发展学校教育。在新解放区，开始着手接管各类学校。1945年，晋察冀边区委员会颁布了《关于新解放区教育工作的通知》，对接收敌伪教育行政机关及各级学校和社教机关的相关事宜作出了详细规定。[2]

其次，师资力量迅速壮大。早在抗日战争相持阶段，山西各抗日根据地政府为提升教师质量就开展了多轮教师培训工作。经过几年的努力，到抗战胜利前夕，根据地的学校师资力量明显增强，师资素质也有了明显提升。以晋察冀根据地为例，1943年底，北岳区、冀中区54个县的统计，共有高级小学142所，初级小学6921所，在校学生人数达到367727名。北岳区管理的主要区域在山西境内，当年的小学教师中，初中及乡村师范以上毕业的教师占25.4%，高小以上学历的占50.6%，其他学历的比例下降到24%。[3]旨在履行社会教育职能的民众学校中，教师数量也有所提升，基本能够做到一所民校至少有一位教师。

最后，教育相关建设也更加稳定。从办学方向看，兴办新民主主义教育的意识更为清晰，各根据地要求学校进一步端正政治方向，严格按照新民主主义教育的要求强化教育与生产劳动相结合、教育为群众和政治服务这一主旨。教材建设也有了新的发展，教材短缺、版本不统一等情况有了明显的改善。

二、社会教育繁荣兴盛

到抗日战争后期，以冬学为代表的社会教育走向了全面兴盛。这表现在两个方面：一方面，抗日根据地人民在经历了艰难的抗战岁月后，逐

---

[1] 李田定. 太岳革命根据地教育简史 [M]. 太原：山西经济出版社，2002：192.
[2] 王谦. 晋察冀边区教育资料选编（下）[M]. 石家庄：河北教育出版社，1990：3.
[3] 王谦. 晋察冀边区教育资料选编 [M]. 石家庄：河北教育出版社，1990：80.

渐认识到学习的重要性。在抗战形势逐渐向好、胜利即将来临之际，他们更是急迫地想要通过学习总结抗战经验，总结翻身获自由的斗争经验。另一方面，根据地政府也高度重视社会教育，不断推出新的指示和政策。以晋察冀抗日根据地为例，1943 年 11 月，边区行政委员会与边区抗联会联合颁发《加强今年冬学工作的指示》，要求"今年的冬学运动，必须使之成为改造根据地群众思想、巩固抗日民主思想阵地的运动，不能看成每年一次的例行工作，马虎了事"①。在各根据地政府的积极推动下，冬学运动轰轰烈烈开展起来。

抗日战争期间，山西抗日根据地普遍开展冬学运动，各根据地还因地制宜，形成了独特的模式和做法。以太行区为例，在太行抗日根据地得到初步巩固之后就开始有计划地推进冬学运动，冬学运动的数量和质量逐年提高。仅内黄县温邢固村，在 1944 年上冬学的女学员就有 43 人。该县卫河以东的村庄，青年男女都参加夜校学习，学员 1150 人，民师 120 多人。及至 1945 年 8 月，日本帝国主义无条件投降，全国人民取得了抗日战争的彻底胜利。从 1945 年 8 月到 1946 年间，新老解放区连成一片，人民政权进一步得到巩固。广大农村经过减租减息和土地革命运动，人民群众在政治上得到了解放，经济生活也有了改善，他们更加认识到学习文化的重要性，因而掀起了学习文化的高潮。

据鲁西北（现属聊城地区）各县的统计，1945 年成年教育的民校（包括冬学、识字班）有 1852 处、2105 个教学班，在校学员 85580 人，民师 2213 人。鱼台县在 1944 年到 1946 年间，冬学、识字班从无到有，办起了 21 处。金乡县的金南和金西两个老解放区共有冬学 152 处，176 个教学班（组），计有学员 6277 人，民师 202 人②。

三、干部教育大大加强

整个抗日战争期间，中国共产党始终高度重视干部教育，培养了大

---

① 王谦.晋察冀边区教育资料选编 [M].石家庄：河北教育出版社，1990：90.
② 赵紫生.冀鲁豫老区教育史 [M].济南：山东教育出版社，1990：139.

量的骨干，成为抗击日军的中坚力量。但在抗日根据地建设早期及相持阶段，受各种因素的影响，只能开展短期培训，或者临时性的学习班，干部教育还不够规范。到抗战后期，根据地各项建设不断巩固，敌人也无力再频繁侵扰，干部教育得以全面加强。除抗大各分校外，鲁迅艺术学院等也在山西各抗日根据地建立分校，根据地不仅能够培养军事政治干部，还能培养文学艺术干部。在以往以党校、干部学校、中等学校为主的培养体系外，各根据地还建立起独立的干部学院，干部培训体系进一步完善。

第二章 山西抗日根据地的教育传播

山西的抗日根据地是在中国共产党的领导下建立的。山西省在敌后根据地的创建中占据有利时机和独特地理位置。教育作为传播革命文化、激起人民斗志的重要手段，在山西抗日根据地的建设过程中发挥了重要作用。山西抗日根据地的教育传播历程之久、范围之广、影响之深在各根据地中极具特色。在中国共产党的领导下，山西人民以这些抗日根据地为依托，开展了各种类型的教育活动，以革命干部、青少年和其他社会成员为对象，传播科学知识和革命文化，灵活运用各种教育方法，为提高人民群众的革命素养和抗日根据地的建设起到了积极作用。

第一节 山西抗日根据地的教育传播历程

抗战全面爆发后，在中国共产党的领导下，山西人民在艰难的战争环境中努力发展教育，开展了各种各样的教育传播活动。

一、抗日根据地的教育活动（1937 年—1945 年）

1937 年 7 月 7 日，卢沟桥事变爆发。为了抵抗日军的侵略，在中国共产党的领导下，山西省境内创建了一系列抗日根据地，包括晋察冀根据地内的晋东北根据地，晋绥根据地内的晋西北根据地和晋西南根据地，以及晋冀鲁豫根据地内的太行山区、太岳山区等地区。由于局势紧张，战争频繁，人民生活十分困难，所以在这些地区的教育传播活动中，基本建立了以革命干部的教育为重心、青少年儿童的学校教育为主体、人民群众的社会教育为基础的特殊教育体系。

1. 晋察冀抗日根据地的教育传播及其成效

晋察冀抗日根据地是第一个由中国共产党正式建立的敌后抗日根据地，在中国共产党的领导和不懈努力下，山西群众对根据地的发展十分重视，根据实际情况摸索出来的教育形式多种多样，一方面顺应了紧张的战争形势，另一方面对其他根据地的教育发展也有深刻的借鉴价值。晋东北根据地在这一阶段开展了众多教育活动，不但提出了一系列关于教育的政策文件，推动人民群众的教育活动顺利开展，而且对青少年、革命干部和广大群众教育传播活动的开展发挥了重要作用。

晋东北根据地的教育是在严峻的战争环境中创建并发展的，根据地在建立初期就十分重视小学教育，不仅迅速恢复原有小学，而且成立了众多小学，其中包括高级小学校。1938 年 2 月边区政府发出通令：凡不遭受敌人炮火威胁的小学校一律开学上课，以此恢复和发展青少年教育。[①]

晋察冀根据地十分重视干部教育，并将其放在教育体系的首位，不仅开办了各类干部学校，培养了大量的干部，还举办各类干部训练班。1937 年 11 月五台县中共晋东北特委开办了政治训练班，这是干部教育在晋东北的开端。1938 年 9 月，边区政府颁布了《扫除文盲办法》，规定各乡镇成立识字学校，随后各地的夜校与识字班纷纷建立，并且开展了冬学运动，为广大人民群众进行扫盲和基础教育做出了重要贡献。

2. 晋绥抗日根据地的教育传播及其成效

在晋绥抗日根据地的创建过程中，晋西北、晋西南的群众逐渐受到各类教育的熏陶，改变了多年来教育缺失的局面，对于根据地教育的进一步发展和传播活动发挥了重要作用。在根据地的教育传播活动中，干部教育不再拘泥于形式，根据不同需求，采取了长期和短期培训相结合的方式；青少年教育逐渐恢复正常，在群众的大力支持下进一步发展；社会教育也有很大的发展，文盲和半文盲的比例逐步减少。

---

① 董纯才，张腾霄，皇甫束玉 . 中国革命根据地教育史（第二卷）[M]. 北京：教育科学出版社，1991：345.

晋西北和晋西南根据地的教育发展过程十分曲折。由于形势复杂，这里不仅有日伪政权为了维护统治开展的一系列伪教育，也有阎锡山建立的民族革命学校和各类民革室，还有共产党建立的各种学校和教育组织。在党的领导下，山西人民始终没有放弃革命斗争，根据地的小学教育在抗日政权建立后逐渐得到恢复。"晋西事变"后，民族革命小学改为完全小学和初级小学。1937 年 11 月，临汾市成立了学兵队训练班，这也是晋绥根据地干部教育的开始。1940 年冬，晋西北根据地开展了第一次有计划、有组织的冬学运动，虽然在敌人"扫荡"期间遭到严重破坏，但之后还是顽强坚持下来。1942 年开展的整风运动改变了不适合根据地情况的旧式教育制度。1944 年 8 月到 1945 年 7 月，民办小学由 43 所发展到 431 所。[①] 根据地也建立了晋西民族革命中学、青年干部学校和抗战学院等干部专门学校。

3. 晋冀鲁豫抗日根据地的教育传播及其成效

晋冀鲁豫根据地影响范围广，在山西省主要是太行和太岳两大地区。这两大根据地的教育活动形式丰富，内容多样，广大军民积极参与其中，在太行山区干部教育尤为突出，学校教育也在人民群众的共同努力下发展较好，社会教育则为根据地广大文盲和半文盲人民提供了基础知识的普及。

太行、太岳根据地的教育覆盖面广泛，教育内容涉及众多方面，其中青少年教育较为完善。在小学教育方面，早在 1938 年太岳、中条山的民众就自发组织义学，收留失学儿童。中等学校教育发展较快，不仅建立了师范类、职业类学校，还建立了一批中学，到 1945 年，太行区和太岳区各有中学 9 所和 4 所。根据地为发展干部教育还举办了各种干部训练班，建立了许多干部学校，为抗战输送了大批人才。至于社会教育，两大根据地也有很多成就，例如太行区的辽县、武乡等县，即使在最困难的 1942 年，

---

① 梁志祥，侯文正总纂. 山西通志·教育志（第 37 卷）[M]. 中华书局，1999：593.

参加冬学的人数仍占到应入学中青年总数的 80% 以上。

由此可见，根据地的教育活动并不是死板教条的，而是因时因地制宜，即使在恶劣的条件下也充分发挥自身优势，利用每一种可利用的资源。干部教育不再只是短期训练的形式，而是充分利用中学校舍和教师对广大干部进行深刻的思想理论和实践培训，充分发挥干部在群众工作中的积极作用。青少年教育活动不只有新建的小学、中学，还努力改变旧教育的面貌，利用一切资源对青少年进行爱国主义教育。民众教育的成就则更为突出，充分利用了一切资源，将小学教员、革命干部，甚至学校学习较好的小学生都作为民众教育的师资的重要组成部分，而且教育内容也不单纯是学习字词，而是运用各种手段，比如宣读革命报纸、批驳日伪教材、田间地头学习等形式，让民众对国际国内形势和种植养殖技术都能够有所了解。这些教育活动对解放民众思想和争取抗战胜利发挥了重要作用。

第二节 以革命干部为对象的教育传播活动

在山西抗日根据地创建的过程中，中国共产党对于革命干部的教育十分重视。山西抗日根据地的干部教育活动也对其他根据地有广泛的借鉴意义。

一、干部教育的类型

抗日根据地的干部教育是由共产党领导的一种较为成功的教育组织形式，进行军事化或半军事化管理，其中包括三种类型：在职干部教育、学校干部教育和干部训练班。山西各抗日根据地都十分重视干部教育，并且把干部教育放在战时教育体系的重要位置。通过教育对广大干部进行了深刻的思想理论及实践方法培训，充分发挥了干部在群众工作中的积极作用。由于根据地政治形势严峻，对干部要求很高，为了保证教育质量，根据不同的需要对干部进行了丰富多彩的教育。

在职干部教育：在职干部教育是根据地干部教育的重心，在根据地的建设过程中发挥了重要作用。这主要表现在参与人员众多，在艰苦的环境中长期坚持，同时有大量的政治、业务、文化方面的教育。中共中央要求在职干部每天学习两个小时，在形势允许的情况下进行轮训，或者开展夜校学习，设置专业教员，在教员不足时招收兼任教员。对教育内容也进行了规定，在职干部教育要达到"做什么学什么"的基本要求，在此基础上进行政治、思想等方面的教育，开阔干部的眼界。

学校干部教育：山西抗日根据地军民充分利用自身资源，通过中等学校任职教员和学校设施对干部进行专门的离职培训。学习时间从两个月、三个月至半年不等，培训内容以时事政治为主，辅之以必要的文化教育和业务能力培训，还有一些社会实践活动。1942年晋冀鲁豫边区政府民政厅提出中学教育干部化。太行、太岳地区规定中学的任务是培养县区初级干部，干部学校教育以军政学校为主，同时也建立了其他类型的学校。[①]

干部训练班（短训类学校）：短期训练班是就地吸收知识分子和群众参与抗日斗争的有效措施，也是培养战时各方面人才的有效办法。培训对象包括新军、牺盟会、动委会的广大干部，还有旧政权下的各级组织人员以及师生等。教育目标也是多种多样，基本要求干部在教育中了解共产党的方针政策，提高自身业务能力和基础文化水平，还有根据工作需要临时进行的"一事一训"。训练班的学习时间不定，可能数日、数十日或者一两个月。在根据地的很多中学也设立了军政民方面的干部训练班，充分发挥中学教学设施和教员的作用，为培养革命干部发挥了重要作用。

二、干部教育的内容

从教育内容看，主要包括文化教育、政治教育、业务学习以及党性教育等。

文化教育：主要针对文化程度不高、迫切需要加强基础文化教育的干部。其中文化学习还分为初级与高级，初级班为文化程度低的干部开设，高级班则要求有一定基础的干部学至初中程度。文化课程有国文、历史、

---

① 郭秀芬. 晋冀鲁豫根据地史研究[M]. 石家庄：河北人民出版社，2014：173.

自然、地理等。1942 年以前，在干部教育中存在轻视文化教育的问题，办学规模也与实际脱节，参加学习的干部直接由各级组织选送，所以文化程度差距较大，课程安排难以进行。为了进一步推动干部基础文化教育，根据地制定了一系列措施，例如干部测验制度、上课制度、分组学习等。

政治教育：这是对干部必须坚持进行的教育。干部要带领人民群众开展反压迫的斗争，首先要对政治局势有宏观的把握，其次要对政治军事理论有一定的了解，还要认识到人民群众的重要性，这些都要求各级干部要具备一定的理论基础和政治素养。1944 年中共太行区党委发出《关于党内干部教育的通知》，确定了干部教育的主要内容：一是进行本区党史的教育；二是进行关于太行山区的社会实际情况与政策的教育。同时要树立干部的群众观念，相信群众，依靠群众，走群众路线才能为抗日战争的胜利奠定坚实的群众基础。[①]

业务学习：根据地开展干部教育是为了培养专业人才，所以在干部训练过程中必须面对各类具体问题。在这种情况下，对于各方面具体工作或者内容的学习和精通尤为重要。在这方面的教育中，党组织不仅注重理论知识的普及，更关注的是在实际工作中干部能否灵活运用所学内容。经过实际训练的干部即使在战争的严峻形势下也可以较好地完成各项工作。

党性教育：根据地干部大多是农民出身，为保持共产党干部的先进性，要将党性教育放在重要位置。加强干部的党性教育主要是通过整风运动体现的。山西各抗日根据地长期处于紧张局势中，尤其是平原地区的敌后根据地，这些地区干部的流动性强，需求量大，并且各地区人员分散，工作繁忙。在 1943 年 3 月，太行分局总整风委员会在研究分局党校整风计划时，鉴于冀南根据地正处在极端困难时期，把冀南干部集中到太行山中参加整风学习。整风班由各区党委一把手负责，深入实际，各期整风班都取得了很好的效果。[②]

---

① 郭秀芬．晋冀鲁豫根据地史研究 [M]．石家庄：河北人民出版社，2014：175.
② 郭秀芬．晋冀鲁豫根据地史研究 [M]．石家庄：河北人民出版社，2014：174.

三、干部教育的方法

在干部教育的过程中，各根据地提出了一系列原则与方法。干部教育的原则是理论联系实际，少而精。理论联系实际指的是干部在学习过程中既要将理论运用到实际当中，又要学会将平时的工作经验总结深化为理论。少而精当中，由于学习内容多，很难及时掌握所学知识，所以这一原则是针对现实情况提出的。在教育方法上则以自学为主、集体学习为辅。干部们通过自主学习与集体辩论，不仅有助于提高个人能力，而且能开阔他们的眼界。

四、干部教育的作用

敌后抗日根据地的干部教育在发展过程中不断改进原有不足，从无差别派送到形成有明确目标的考核制度和学习方法，使干部的能力和水平有了明显的提高。

首先，干部教育在"量"的扩充方面有关键作用，在"质"的提升上也有重大意义。根据地的干部教育使大量基层干部有接受系统教育的机会，在学习过程中干部的思想文化水平和领导能力得到大幅度提升，为根据地的发展培养了大批拥有基本文化素养、专业技能、彻底的革命思想的新型干部。其次，干部教育开启了敌后根据地文化教育的发展高潮。在抗战时期的艰苦环境下，根据地干部不仅在政治上领导人民坚持武装斗争，保护并扩大根据地，而且在经济方面发挥技术优势，增加生产。最后，教育干部的过程实际上也是共产党获得根据地军民认同的过程。广大干部在学习后对国家形势和党的路线、方针、政策有了更加深刻的认识。比如乡村干部在学习完成后回到乡村，积极组织民众开展地头组、放羊组、担架组、编席组、炕头组、夫妻组、父子组等进行基础内容的学习，进一步向群众传播了革命精神和革命文化。

第三节 以青少年为对象的教育传播活动

青少年是祖国的未来，也是发展抗日根据地的希望所在，在战争环境中，根据地不仅恢复了之前被破坏的初等和中等教育，并且尽力在原有的基础上进一步发展，从而培养了大批人才。

一、青少年教育的类型

1. 小学教育

小学教育作为国民教育的重要组成部分，在根据地的教育体系中占据着重要地位。根据地因形势需要及时调整小学教育的方针政策，确保小学教育朝着正确的方向发展。

抗日战争全面爆发前根据地的小学教育非常落后，儿童入学率很低，教育落后的北岳区儿童入学率不及学龄儿童的20%。战争爆发后，各地小学基本被摧毁。晋察冀边区政府成立后，开始进行小学教育的恢复工作。经过一年多努力，小学教育迅速恢复并有所发展。小学迅速恢复后，另一个主要任务是发展新的小学。边区初创时大部分地区位于贫困山区，开办小学困难重重，既没教员，又没经费，民众也缺乏办学意识。边区政府制定了小学教育"民办公助"的方针，实行小学教育由村管理并大力普及的做法，小学教育迅速发展起来。

1940年，边区政府提出"争取大部分学龄儿童入学"的口号，动员儿童入学，解决贫困儿童入学困难的问题。1940年4月以来，在"三光"政策的严峻形势下，根据地通过创办抗日隐蔽小学、抗日两面小学等方式发展教育。1942年，北岳区边委会制定了"开辟近敌区、游击区教育工作"的方针，根据地被摧毁的小学得以恢复，各种形式的抗日小学逐渐建立。

抗战时期，晋冀鲁豫根据地的小学教育的任务主要是恢复学校，逐步完善学制和课程，提升教材的质量。1942年10月1日晋冀鲁豫边区政府教育厅颁布《小学暂行规程》，规定小学实行"四二制"，即初小4

年，高小 2 年。[①]在恢复与整顿期间，小学逐渐废除不必要的课程。1945年八路军开始反攻，一些中小城市和广大农村相继解放。抗日战争胜利后，各地小学蓬勃发展，学龄儿童入学率大大超过了战前的水平，例如，在晋察冀根据地，很多贫苦儿童都有学可上，并且农民子女都可以上学，小学教育得到了基本普及。

2. 中学教育

对根据地而言，发展中学教育也是一项十分紧迫的任务。在根据地里小学毕业的学生有相当一部分需要继续升学，同时也需要培养大批干部开展抗日工作，还有不少知识分子需要再教育。

1940 年 3 月，晋察冀根据地通过了《晋察冀边区中学暂行办法》，旨在推动中学教育的发展。根据地中学的学制一般为 3 年。课程有国语、数学、史地、政治、自然常识，后来增加边区建设课程。对音、体、美等方面的教育也在有条件的地方加以实施。

在抗战时期，山西各个敌后抗日根据地无不抓紧创立与恢复中学，晋冀鲁豫根据地中学的创建和发展有一定的代表性，其发展大致经过以下三种形式：

第一种形式，1938—1939 年，主要采取统一战线和利用地方力量办学的方式。山西第五行政区民族革命中学在 1938 年 7 月建立，设在山西长治县，由戎子和兼任校长；同时建立了山西第三行政区民族革命中学，设在山西沁县。这些学校开办一年就为晋东南培养了数百名干部，其中有一批成为晋冀鲁豫最早的文教骨干。1939 年日军"扫荡"后，学校师生大都自愿加入山西新军决死一纵队。

第二种形式，1940 年以后，晋冀鲁豫抗日根据地已经巩固并建立了政权，由各行政区共产党和抗日民主政府创办自己的学校。1941 年建立了太行第三中学。在太岳区，1940 年 8 月成立了太岳中学（曾经改名为

---

① 郭秀芬．晋冀鲁豫根据地史研究 [M]．石家庄：河北人民出版社，2014：185．

太岳第一中学），校长裴丽生（后来为刘舒侠），校址最初在沁源县；青城中学（曾改名为太岳第三中学），1943年1月建立，校长王兆（后为郝廖夫），校址在浮山县；晋豫中学（曾改名为太岳第二中学），1944年8月建立，校长邓一川，校址在沁水县。

第三种形式，整顿改造从新解放区接管的学校。1941年建立的太行第三中学和太行抗战建国学院于1942年底合并组成太行联合中学。1945年3月撤销太行联合中学，并入太行行政干部学校。与此同时，边区政府决定在太行直属区建立9所中学，后来因为区划调整等原因，实际建立起来的只有7所学校，在山西境内的有冀晋中学（一专区办）；太行二中，建在左权县，校长薄怀奇[①]；太行三中，校址在武乡县，校长刘秀峰；太行四中，校址在长治县，校长任映。

二、青少年教育的方法与内容

根据地的中小学教育注重将教学与社会实践相结合，将书本知识与生活实践相结合。例如，学校一般会组织人员在街头书写标语，宣传政策，在生产季节组织学生帮助当地群众干活。通过这些活动培养学生的群众观念和劳动观念。根据地的重大活动师生一般都会参加，如支前、扩军、征粮、反奸、减租减息等。

为了解决教材严重不足的问题，地方、学校、教师都积极自编、补充教材。同时，也有不少教师抽时间为学生抄写课本，还有的教师采用木版、土油印机（如沁源县教师韩太玉）翻印课本。1938年10月，山西长治创办太行文化教育出版社，1940年成立了太行区小学课本编审委员会，此后教材的数量与质量有了很大的改进。

三、青少年教育的作用

根据地的中小学是在极端困难的条件下建立起来的，一般学制比较

---

① 董纯才，张腾霄，皇甫束玉 . 中国革命根据地教育史（第二卷）[M]. 北京：教育科学出版社，1991：414.

短，教学内容寓爱国主义于各科知识中，使学校教育与抗日战争和群众运动紧密结合起来。根据地的这种教育根据战时需要扬长避短，因地、因时、因人而宜，创造了多种多样的教育形式和机动灵活的教育方法，为新中国成立后教育事业的发展积累了宝贵的经验。

第四节 以其他社会成员为对象的教育传播活动

在根据地的创建过程中，人民群众是不可或缺的重要组成部分，也是反抗侵略的重要力量。抗战开始前，根据地交通闭塞，民众长期受到压迫，思想保守。由于山西省抗日根据地的创建多依托贫困山区，当地成年人的文化水平非常低，所以进行大规模长时期的基本社会教育势在必行。在此过程中，根据地军民逐渐探索出一整套行之有效的办法来解决人民群众知识匮乏的问题。

一、冬学运动

冬学运动作为根据地社会教育中规模最大、广泛开展、效果显著的教育形式，为根据地社会教育的发展发挥了重要作用。山西省各根据地开展的冬学运动，教育对象包括青年、妇女、农民、工人和儿童等，有的甚至全家老小一起上冬学。教育内容主要包括文化基础与政治形势两方面。

二、民众学校

除冬学外，根据地还创造了众多的教育形式，无论在农忙农闲、前方后方、平时战时，劳动人民都能接受教育。民众学校是在冬学的基础上建立和发展起来的，较冬学更为正规。根据地许多村镇的有识之士意识到民众教育的重要性，在抗战初期开展冬学运动的同时就建立了民众学校。这些民众学校主要"以扫除文盲增进人民文化知识，坚定民族文化意识为目的"[①]。

---

① 王谦.晋察冀边区教育资料选编（社会教育分册）[M].石家庄：河北教育出版社，1990：235.

1. 大众补习学校

1941年5月1日《山西省政府第二游击区社会教育组织暂行条例》明确规定"凡人口较集中、半文盲较多之城镇和村庄，得有计划建立大众补习学校"。按照教育对象的年龄、性别、职业的不同设立了青年、妇女、农民、商人和工人补习学校。补习学校专门聘请小学教员进行管理，学习内容主要包括识字课程、简单的算术课程等，学习时间较少，每日上1—2课，力求各类学员在毕业时能达到初小水平。

2. 农民夜校

农民夜校是以现存的小学为基础，利用学校设施和小学教员创办起来的。夜校为了不耽误农民白天的生产劳动，充分利用其他时间（主要是晚上）在小学内对农民开展教育，老师基本都是文化水平较高的专任教员。因为大部分农民的文化基础薄弱，所教内容多为识字认字，辅以政治常识和农业知识等。夜校的教学效果非常显著，不仅提高了普通农民的文化水平，而且培养出很多根据地急需的干部。

3. 识字班

识字班是以识字为主要目的的一种根据地教育形式。识字班的教员除了政府或村民聘请的义务教员外，还有有能力进行教学的驻军干部和小学教员。同大众补习学校类似，识字班也根据教育对象年龄、性别、职业的不同划分为青年、妇女与工人识字班等。识字班以自愿为原则，根据居住地、教育对象的文化程度等条件灵活办理，每组以5—7人为宜，上课时间根据学员生活时间每日一次或隔日一次，每次上课时间至多不超过一小时。由于识字班的组织较为容易，并且教学形式和内容十分灵活，所以识字班渐渐成为根据地开展扫盲工作最常见的形式。

4. 读报组

读报组这一教育形式解决了农村文盲比例高、不能读报识字的实际困难，也对初小以上文化程度的群众了解国家大事有很大的帮助。读报组最初在部队、工厂和小学兴起。群众通过这一形式识字量大幅增加，政治觉悟也有明显的提高，并且从报纸上获取了许多关于生产生活的科学知识，促进了生产的发展。

5. 一揽子村学

这是一种以大众教育为主、学校教育与社会教育相结合的组织形式。它在平时通过夜校、半日班、读报组和识字班对人民群众进行教育，到冬季变成冬学，作为群众性的一种教学组织形式而存在。《晋绥边区小学教育材料汇编》中对一揽子村学做了如下解释："从教学内容上、学员组成上和教学形式上来看，是一种全面性、综合性的学习组织。"在这种学习形式下，学员一边学习一边劳动。村学形成以后，逐渐成为全村的文化活动中心。

三、民革室

民革室是实施社会教育的综合机构以及人民的主要文化娱乐场所。在根据地，以各村民革室为中心进行成人教育，教育对象主要是15到25岁的失学青年。《村民革室组织暂行条例》明确指出："村民革室为实施社会教育的最好的群众组织"，"村民革室直接受村公所教育委员会的领导，村民革室设委员会，委员会由五人组成，设正副主任委员各1人，下分宣传教育股、文化娱乐股、体育卫生股3个股"[1]。民革室主要负责的是各类社会教育事业。宣传教育股帮助教育委员会大力推进识字教育，加强群众的政治教育和战时教育。主要形式有定期出版壁报、开展大众座谈会、组建图书室等，丰富人们的文化生活。文化娱乐股的任务主要是组织民众剧团、歌咏班等，并且在条件允许的情况下提供象棋、识字纸牌等。在农闲时节，民革室还负责举办戏剧、秧歌等娱乐活动的巡回表演。体育卫生股为提高人民的身体健康水平和普及抗战实践知识，经常组织

---

① 董纯才，张腾霄，皇甫束玉. 中国革命根据地教育史（第二卷）[M]. 北京：教育科学出版社，1991：437.

群众开展投掷手榴弹、踢毽子等活动。

四、群众剧团

在根据地成立之初，群众的文化娱乐活动十分匮乏，只有通过村干部带头偶然组织一些文娱活动。随着根据地的逐渐发展壮大，广大人民群众的文化水平逐渐提高。在这种形势下，负责社会教育的工作人员十分重视培养文艺骨干，为业余剧团的建立做准备。随着业余剧团的人数逐渐增多，制度建设也逐渐完善，业余剧团正式定名为群众剧团。群众剧团由民校培养的文艺骨干组成，主要成员有村干部、民兵、民校学员和小学生等。剧团演出面向大众，极大地丰富了群众的文化生活。

五、其他形式的民众教育

在根据地的发展过程中也有很多其他形式的教育活动。比如在兴县、临县先后成立了图书阅览室，为有学习需求的农民提供了物质条件，在阅览室内还设有代笔处，为不识字的民众免费提供帮助。根据地留存着晋中秧歌、社火等多种艺术形式，还有革命歌曲演唱，增强了群众抗日必胜的信心，也为革命文化的传播提供了多种群众易于接受的形式。

在山西抗日根据地的教育传播过程中，山西人民在党的领导下开展了各种类型的教育活动，以革命干部、青少年和其他社会成员为对象，灵活运用各种教育方法传播知识和文化。山西抗日根据地的教育活动多种多样，并不是一概继承或抛弃，而是因时因地制宜，在艰苦的条件下充分发挥自身优势，利用各种资源和人力开展教育和传播活动。

第三章 山西抗日根据地教育传播的指导思想

抗日战争期间，中共中央制定的教育方针和政策是山西抗日根据地教育传播发展的指导思想。这一指导思想体现在两个层面：宏观层面是当时形势下党关于文化教育发展的整体判断，具体层面是根据地教育发展的一系列实践。

宏观层面的判断，概括起来就是一句话：发展民族的、科学的、大众的新民主主义文化教育。

抗日战争全面爆发后，迫切需要发展民族的、科学的、大众的文化。民族的，就是反对帝国主义压迫，主张中华民族的独立与解放。科学的，就是反对一切封建迷信思想，主张实事求是，主张客观真理，主张理论和实践一致。大众的，就是为广大工农劳苦民众服务。革命文化是人民大众推动革命的有力武器，这种新型文化是由中国共产党领导的，并与一切反动保守文化完全区别开来。

具体层面的教育实践，体现在抗战以来不同时期党中央的一系列决策中关于教育方针的论述及党主导下的教育改革实践。1937年8月，中共中央政治局在陕北洛川召开扩大会议，通过了《抗日救国十大纲领》，其中提出了抗日的教育政策，即"改变旧的教育制度、旧课程，实行以抗日救国为目标的新制度、新课程"。按照这一指导方针，中国共产党领导抗日根据地人民进行了大规模的教育改革，通过大规模发展教育事业，提高了大众的知识文化水平，唤醒了普通民众的民族意识和爱国主义情怀，吸引了不同社会阶层的人加入到反击日本侵略者的斗争中，壮大了革命力量，为赢得抗日战争的胜利奠定了坚实的社会基础。

第一节 学校教育传播及其指导思想

在党中央新民主主义教育方针和路线的指导下，山西各个抗日根据地结合本地的实际情况实施了各类教育改革实践。学校教育的任务一方面在于提升青少年的知识水平，为抗日战争储备后备力量；另一方面，也承担着配合和协助社会教育的重大任务，因而是当时教育事业整体发展的核心和基础。

一、学校教育传播的恢复与发展

山西各个抗日根据地建立后，抗日民主政府积极落实党中央的相关指示精神，坚持纠正各种错误思想，努力恢复和发展学校教育，充分发挥其传播效应，宣传抗日思想，教育传播在对敌斗争中发挥了十分重要的作用。

1. 晋察冀抗日根据地

1938 年 1 月，晋察冀边区在阜平召开军政民代表大会，正式成立晋察冀边区抗日民主政府。这是中国共产党领导的敌后第一个抗日民主政府。这次会议通过的决议案中，就边区教育事业提出了明确的计划。其中，关于学校教育，具体提出五项政策：（1）恢复乡（村）镇的初级小学和高级小学，一律于春季开学，学生男女兼收，并于可能范围，设立幼稚园。（2）编订各种救亡读物与教材。重编教材，使内容更适应抗战。编订大众的初级读物和各种革命丛书。（3）检定小学教师。其认识不足，程度过低者，加以训练。（4）筹集教育经费。（5）改变学生生活及课程编制。废除旧有的形式主义教育，添授新文字，组织儿童团，实行小先生教育制。[①]这是晋察冀边区第一份关于教育发展的政策主张，也基本反映了抗日根据地初建时期发展教育事业的方针和路线。

1941 年 1 月 18 日《晋察冀日报》刊载了《晋察冀边区行政委员会成

---

① 王谦 . 晋察冀边区教育资料选编（教育方针政策分册）[M]. 石家庄：河北教育出版社，1990:12.

立三周年纪念告全边区同胞书》，其中针对教育问题明确提出"在今年，我们要做到每一个行政村有一个小学校，学龄儿童入学者要达到百分之六十，每个区要有一个高小，第一个高小要吸收三个免费生"①。

晋察冀边区于 1939 年 3 月印发了《民族革命中学暂行办法》（以下简称《办法》）。《办法》强调指出，青年是革命的先锋，国家的命脉，是抗战建国的坚强干部。《办法》对发展中等学校教育做出了明确规划，要求本边区在每一个专员区设立中学一处，并定名为"晋察冀边区○○第○区民族革命中学"。明确民族革命中学的办学宗旨是：救济失学青年，提高文化政治水准，训练地方工作人员，培植民族革命的基本干部，充实抗战建国的力量。《办法》还对学校的组织机构、人员编制、课程设置、师资选任、教材使用、教学方法等做了详细规定②。在该《办法》的直接推动下，晋察冀边区各区相继兴办起初级中学，一般设 1—2 个教学班，班容量为 80—120 人。

2. 晋冀豫抗日根据地

八路军 129 师主力东渡黄河后，挺进晋东南地区，与中共晋冀豫省委及其他抗日力量一起创建晋冀豫抗日根据地。1938 年 4 月，粉碎了日军第一次九路围攻，收复了辽县、武乡等 18 座县城，初步奠定了晋冀豫抗日根据地的基础。其后一年多时间里，晋冀豫区党委在晋东南成立了晋豫、太岳、太南三个特委，在 29 个县建立起党组织，教育事业也得到恢复和发展。1937 年 11 月，中共晋冀豫省委明确提出"在民族革命的战争中要当仁不让地掌握临时地方政权，推行抗日救国的革命纲领"。其中自然包括夺取和掌握教育权。次年 3 月，在建设太行山（晋冀豫）根据地会议上，提出要"开办学校，救济失学儿童，发展社会教育，在各村设立救亡室"③。以太岳区为例，专区、县两级政府都将发展教育作为重点工作，

① 王谦 . 晋察冀边区教育资料选编（教育方针政策分册）[M]. 石家庄：河北教育出版社 ,1990:262.
② 王谦 . 晋察冀边区教育资料选编（教育方针政策分册）[M]. 石家庄：河北教育出版社 ,1990:78.
③ 李田定 . 太岳革命根据地教育简史 [M]. 太原：山西经济出版社 ,2002:18.

到 1938 年春夏之交，各地小学先后复学。在太行区，实施村村办小学、县县办高小的政策。

晋冀豫的办学方式最突出的特点就是因地制宜。根据村庄规模，较大的村庄独立兴办小学，较小的则与附近村庄联合兴办。还建起同时负责成人教育和儿童教育的混合学校。学制方面，有的实行全日制，有的实行半日制，还有隔日制。有的全年办学，有的则在冬季和春季办学。1941—1943 年，日军对晋冀豫抗日根据地进行了多次"扫荡"，根据地学校经历了多次破坏—恢复—再破坏—再恢复的发展过程，在对敌斗争中，还形成了"敌来我散，敌走我聚"的做法，小学教育在艰难的条件下持续发展。在晋冀豫边区，也开始着手推进中学教育。在太岳区，抗战期间办起了四所中学和一所师范。1937 年 7 月就兴办起第一所民族中学，即太岳区第三民族中学，这是太岳区最早创办的中学。1940 年 8 月成立晋冀鲁豫边区太岳中学校，又称太岳第一中学。1943 年初，在原浮山师范和青城中学的基础上，成立了太岳第三中学。1944 年 5 月又在四专区创办了晋豫中学。在太行区，1940 年 8 月成立"冀南、太行、太岳行政联合办事处"，简称"冀太联办"，这是晋冀鲁豫边区政府的前身。"冀太联办"成立之际，太行区各县都已普遍恢复小学。到 1941 年晋冀鲁豫边区政府成立时，太行区的中学已达 100 余所，具备了一定的规模。

3. 晋西北抗日根据地

八路军 120 师主力进入山西后，挺进晋西北地区，创建晋绥抗日根据地。但在当时的晋西北，政权并不完全掌握在共产党手中，还经常会遇到日军的破坏和干扰。在如此艰难的情况下，晋西北革命政权仍然坚持发展教育事业。各县抗日政府中，设置教育科，教育科中设置督学数名，负责推动教育事业的发展。并以牺盟会、动委会等组织为掩护，向旧教育系统渗透，争夺教育主导权，推行新民主主义的抗日教育。如临县曾组织了教学团，针对部分守旧的教员开展督察，推动他们使用抗日教材，宣传抗日思想。并在每区设置一所示范小学，全县先后办起 6 所示范小学。

晋绥抗日根据地总的教育传播指导思想就是要在维持统一战线的前提下尽可能地争夺教育主导权。

1941年11月,行署教育处着手整顿和健全小学,全面加强小学建设。将办学条件差、学生人数少或者政治方向有偏差的学校果断关停。对教员进行全面检查,存优去劣,全面提升教员水平,并吸收新成员,扩大师资队伍。动员适龄儿童入校学习,普及小学教育。增印教材,保障教材供应。在一些特殊地区兴办半日校、巡回学校等。经过1年多时间的整顿,晋绥抗日根据地的小学教育有了长足发展,学校基本普及,教师水平显著提升,教材供应充足。在此基础上,行署颁发《晋西北中小学暂行办法》,规定各县划分学区,每一学区设中心小学一所,并要求加强县府对小学教育的督导。

在晋绥边区,我党领导的抗日政权与阎锡山当局的旧政权交错存在,在推动根据地各项建设的过程中,必须考虑维护抗日民族统一战线。一直到1940年初反顽固斗争胜利结束后,抗日政权才得以巩固。在此基础上,各分区的学校教育也有了很大的发展。1940年4月,晋绥第八分区为解决干部紧缺问题,在交城县岔口村设立了一所第八分区干部培训班。经过两个月的培训,大部分干部都分赴各地工作,部分干部留下来创建了永田中学。其后,永田中学培养了大批青年和抗日骨干。1940年2月,在接管原四区民族革命中学的基础上,创办晋西北民族革命中学,校址在临县白文镇张朝里村。10月,晋西北民族革命中学更名为晋西北第一中学。1942年,又改建为晋绥第一中学。1944年5月,党校二部从陕北迁至兴县,以此为基础,创办了晋西北新民主主义教育实验学校,成为晋西北地区探索新民主主义教育的重要基地。

各根据地在恢复和发展学校教育的同时,还不断向游击区、敌占区渗透,不断扩大新民主主义教育的影响,传播和扩散进步思想,反击日本侵略者的奴化教育和反共教育。实践中,革命的教育者创造了丰富多样的教育形式。如,太岳区有一位在敌占区工作六年之久的地下党员教师,将宣传抗日的教材拆开后夹在日伪教材中教育学生,还自编各种形式的顺口溜、谜语等开展抗日教育。这也是抗日根据地教育传播的重要组成部分。

二、学校教育传播的指导思想

山西抗日根据地在教育恢复时期主要解决了学校复学、师资队伍、教材编订、行政监督等问题。各级党组织和政府高度重视根据地的教育事业，积极推动教育发展。但也受到多方面因素的影响，一方面，各根据地教育事业的恢复与发展进程存在差异；另一方面，根据地原本的教育基础薄弱，加之战争破坏，尽管有所恢复，但在根据地建设初期，教育事业仍远远不能适应民族独立和解放斗争的需要。教育传播作为抗日救亡的重要武器，尚不能充分发挥其作用。学校教育恢复时期，教育传播的指导思想主要体现在以下三方面：

第一，学校教育恢复时期的教育传播带有明显的政治动员性质。抗日根据地恢复义务教育，将宣传和培育民族精神、动员青少年参与抗战作为首要任务。抗日根据地大多建立在经济社会发展相对落后的地区，经济生活仍以传统的农业生产为主，小农经济和以其为基础的小农意识占据主导地位，国民文化素质相对较低，民众大多习惯于自给自足的农村生活，对日军侵略的危害认识不足。因此，学校教育将政治动员作为首要任务，在教学内容、课程设置等方面，突出政治形势教育。在师资选派等方面，首先考虑政治立场与态度。

第二，学校教育恢复时期的教育传播肩负着明显的教育转型使命。抗日根据地建立之前，很多地方普遍实施旧式教育。旧式教育主要包含两方面因素：一是典型的传统教育。很多地区仍然实施私塾式教育，教授学生识字，使用《三字经》《千字文》等传统教材，以传播传统文化为主。二是军阀教育。阎锡山主政山西期间也曾推动教育发展，增加了一些现代科学知识，但始终充斥着封建军阀的内容。敌后抗日根据地着重于建立新民主主义教育体系，旨在唤醒人民群众的民族意识和爱国意识，服务于抗击日军和实现民族独立与解放的需要。抗日根据地初创之际，教育传播的中心任务之一就是实现从旧式教育向新民主主义教育的转型。

第三，学校教育恢复时期的教育传播肩负着扭转错误思想的重任。山西抗日根据地初创时期，一方面，由于受到战争的破坏，各项事业百废待兴；另一方面，有些人对教育的重要性认识不足，认为抗日的主要任务是在前线杀敌，教育的作用不大。受这些因素影响，学校教育的恢复不仅需要创造基础条件，更需要纠正各种认识上的偏差。经过一段时间的努力，纠正了各种错误思想，端正了发展方向，各地小学教育得到恢复。

根据地的学校教育，主要对象是广大学龄儿童。它实行民族的、民主的、科学的、大众的、统一战线的教育政策，坚持教育和战争、生产、社会、家庭相结合，为当时的抗日战争、群众需要和民主政治服务。山西各抗日根据地在创建伊始就着手抓了小学教育的恢复工作。随着根据地建设事业的开展，又突出抓了小学教育的巩固和发展。尽管当时各方面条件十分困难，但在党组织和抗日民主政府的正确领导下，在广大教育工作者的积极努力下，根据地的小学教育逐步走上了健康发展的道路。

在北岳区，文化事业的建设和发展首先是从学校教育的恢复开始的。由于敌人的疯狂进攻和国民党军队与地方旧政权人员的溃逃，晋察冀地区原有的教育体系迅速瘫痪瓦解。到1938年5月，晋东北地区的小学校全部恢复，甚至原来没有小学校的村庄都建立了小学校，普遍推行了儿童的义务教育。1940年4月，中共中央北方分局发出《关于国民教育的指示》，其中强调，应尽可能恢复与建设各地小学校，以求达到每个行政村有一所初级小学校，每区至少有一所高级小学校，从而建立起广泛的小学网。同时要求各地吸收与鼓励知识青年及过去的小学教员在小学任教，开办中小学教师培训班或讲习所，给予必要的培养训练，并有计划地在几个中心地区设立师范学校，或在中学内附设师范班，以大批地培养男女小学教员。随着这一指示的贯彻实施，北岳区的小学教育得到了迅速发展。1941年1月，晋察冀边区行政委员会发布《关于普及国民教育的指示》，规定学龄儿童为7至10岁的男女儿童，要求入学儿童应平均达到学龄儿童总数的60%，已超过60%的地区，须提高至70%至80%，在工作基础差的地区，也要达到50%。为了进一步巩固与提高教育质量，把学校教育同生产劳动更好地结合起来，1943年4月，晋察冀边区行政委员会发出了《关于整理小学加强儿童生产教育的指示》。到1944年10月，边区行政委员会又发布了《关于研究与试行"民办公助"小学的指示》，探索教育改革的新路子。在贯彻执行这些指示中，北岳区同样走在了前面，使小学教育达到了蓬勃发展的境地。

在太行区，恢复小学教育最先是1938年初中共冀豫晋省委在创建太行山抗日根据地会议上提出来的。同年6月，省委又在工作会议上再次强调了尽快恢复与建立小学教育的问题。会后，即采取相应措施，首先恢复了专署一级的文教科。随后，"冀太联办"在1940年12月召开的专员、县长会议上，通过了1941年的教育工作计划，提出了在全边区建立300所中心小学校的任务。接着，于1941年颁发了鼓励儿童入学的暂行办法。同年7月，晋冀鲁豫边区政府成立以后，从边区到专区和各县均建立健全了教育行政管理机构，并且制定和实施了一系列发展小学教育的法规，诸如《小学校暂行规程》《小学教员服务暂行条例》《村立与私立小学校暂行办法》《优待贫苦抗属子弟暂行条例》《贫苦学生和敌占区流亡学生优待办法》，等等。1943年3月，中共中央北方局发出了关于国民教育的一封信，对太行、太岳区国民教育的实施提出了具体意见，指示各级党的组织、政府中的党团，应把国民教育当作自己的中心工作之一；要求每个编村设一所小学校，中心地区设一所完全小学校，每个专署设一所中学校；筹集必要的教育经费；抽调一定数量的干部到教育部门工作和担任教员等。同年10月，边区政府又颁发了《加强学校教育的决定》，提出了适当增设小学校、解决教育经费、提高小学教师经济待遇和政治地位的办法。由于党和政府的重视、群众积极性的高涨以及教职工的不懈努力，小学教育事业的发展取得了显著成绩。1942年，全太行区的小学校达到1237所，拥有学生52885人；至1945年，小学校又发展到2530所，入学儿童增加到125556人。从1943年到1944年，仅二专区，小学校即由71所发展到137所，入学儿童由1207人增加到8220人。而且，各地还创造了流动小学校、巡回小学校、联合小学校等多种办学形式。

在太岳区，1940 年日军大烧、大杀以前，全区小学教育呈现出蓬勃发展的局面，计有小学校 1486 所，教员 1852 人，"足够容纳全区的学龄儿童"；另有完全小学校 3 所、高级小学校 15 所，共有学生 1100 名。在 1940 年以后，由于敌人的侵扰和破坏，全区小学教育遭受了极大的损失，有许多学校不能及时复课，学生数量大幅减少。面对这种情况，1941 年 7 月 15 日，《太岳日报》特地发表了《抗战第四年中太岳教育工作总结》专文，呼吁恢复与整理小学教育，改变学校学生锐减的状况。据此，太岳区认真贯彻执行中共中央北方局和晋冀鲁豫边区政府的有关指示与规定，积极筹集教育经费，加紧修缮被破坏的校舍，鼓励教师归队从教。经过努力，小学教育得到了长足发展。至 1945 年 3 月，全区初级小学校共有 2351 所，有学生 92098 人；高级小学校 48 所，共有学生 4472 人。到 6 月，小学校又增加到 2900 多所，学生增至 10 万人以上。[①]

第二节 干部教育传播及其指导思想

中国共产党一直高度重视干部教育。抗日根据地初创时期，军事斗争形势严峻，其他各项事业百废待兴，革命斗争迫切需要大批干部，以革命干部为受众的干部教育成为解决这一问题的重要手段。

抗日战争一开始，党组织就把干部教育提上了议事日程，并且做了大量力所能及的工作。当时，为了解决干部缺乏的问题，从中共中央北方局到新建立的中共晋察冀省委、冀豫晋省委、晋西北省委及山西省委都普遍开办了干部培训班。这些训练班虽然条件差，时间短，但却适时地培养了一大批干部，为抗日游击战争的开展和根据地的开辟做了极为重要的组织准备。

随着抗日根据地的创建和发展，旨在培养干部的各级各类学校纷纷建立起来。一是党校，有中共中央北方局和分局的党校，有省委或区党

---

① 张国祥. 山西抗战史纲 [M]. 太原：山西人民出版社，2005：363.

委的党校，也有地委党校等。二是由延安中国人民抗日军事政治大学（即"抗大"）在各根据地设立的分校。一批又一批人才的造就为各根据地建设事业的全面发展提供了干部保证，很好地适应了长期抗战的需要。[①]

1939 年 3 月，中共中央发文要求全党干部加强学习，一面工作，一面学习，实行每日两小时学习制。山西各抗日根据地严格贯彻执行党中央的决定，从一开始就十分重视干部的学习。从传播内容看，干部教育主要是向革命干部传播政治、军事、生产劳动等各方面知识，使他们能够掌握抗日斗争的战略战术。

1940 年 1 月，中共中央书记处下发《关于干部学习的指示》，这是抗日战争全面爆发后中共中央关于干部教育的第一份文件，直接推动了山西各抗日根据地干部教育的发展。

1942 年 5 月，中共中央北方局下发《中共北方局宣传部关于执行中央在职干部教育决定的指示》，就实施干部教育的措施与办法做出了明确规定。这成为山西各抗日根据地推动干部教育的主要依据。

一、干部教育传播的建设与发展

山西的干部教育起步较早，几乎与根据地建设同步。从组织管理的角度看，根据干部所属系统，主要有三种途径：中央直属系统的干部教育，由中共中央宣传部干部教育科负责；各根据地所属干部，主要由边区党委宣传科负责；军队系统的干部主要由八路军政治宣传部负责。山西抗日根据地干部教育传播的主要机构主要有以下三种类型：

1. 中央干部教育机构派出的分支机构。

早在 1936 年 6 月，中共中央就在陕北瓦窑堡创办了"中国人民抗日红军大学"，简称"红大"。1937 年 1 月，"红大"迁至延安，更名为"中国人民抗日军事政治大学"，简称"抗日军政大学"或"抗大"。"抗大"是整个抗日战争期间中国共产党最重要的干部教育学校。随着华北各抗日

---

① 张国祥.山西抗战史纲[M].太原：山西人民出版社,2005:358.

根据地迅速创建，"抗大"也先后设立分校，负责在各抗日根据地组织开展干部教育。整个抗日战争期间，除总校外，"抗大"先后开办 12 个分校，为我党我军培养了大批革命干部。

1938 年冬在陕北创建的第一分校，到年底抵达晋东南办学，为太行、太岳抗日根据地集中培养干部。抗大第一分校校址设在晋东南屯留县故县镇，高峰时期，有学员 3200 余人，这些学员分为三个队，其中有一个女生队。第一分校在晋东南办学长达一年有余，后迁至山东抗日根据地。第一分校迁出后，1940 年 11 月又在武乡县创建"抗大"第六分校，继续为晋冀豫抗日根据地及 129 师培养干部。1943 年初，以"抗大"六分校余部为基础，组建起"抗大"太行分校。1944 年 11 月，在抗日军政大学太岳大队的基础上又建起了抗大太岳分校。

"抗大"第二分校与第一分校在陕北同时创建，随后即迁至晋察冀边区办学，直到 1943 年返回陕北。第二分校承担了晋察冀抗日根据地及 115 师干部教育的任务。晋绥抗日根据地创建初期，受各种因素影响，没有分设"抗大"分校，干部教育以其他方式进行。直到 1941 年 7 月，才在兴县创办"抗大"第七分校，承担起晋西北抗日根据地干部教育的任务。

另外，1939 年夏，中共中央发布决定，将陕北公学、鲁迅艺术学院、延安工人学校及安吴堡战时青年训练班合并，组建华北联合大学。这是党在抗日战争期间承担干部教育的重要机构。华北联合大学成立后不久即开赴抗日前线，总部设在晋察冀边区的阜平城南庄。华北联合大学先后办学 9 年多时间，为党培养干部 8000 余人，为政治、经济、文化、教育、文艺等各条战线培养了大量的骨干人才。

2. 抗日根据地自办的各类干部学校

山西抗日根据地创建后，在各级党委的领导下，因地制宜、灵活多样地创办各类干部学校，吸收进步知识分子及工农积极分子参与抗日，大批量地培养革命干部。一般而言，这一类型的干部教育具有短期培训的性质，大致有以下三种类型：

首先是军校。八路军走到哪里就将军事学校办到哪里。1937年11月，八路军驻晋办事处就在临汾建立起学兵队，抗日决死一纵队也在沁县开办随营学校。

其次是干校。山西抗日根据地创建后，一些已经建立起抗日临时政权的专区和县均开办了干部学校，为抗日根据地各级政府培训干部。以太岳根据地为例，早在1938年6月就在牺盟会的主持下在沁县开办了"就职人员训练班"，培训阎锡山系统的公务人员，使之为抗日根据地服务。1939年初，这个训练班迁至平陆县，先后举办六期，培训公务人员数百名。1938年3月成立了晋豫抗日军政干部学校。学校招收的学员以牺盟会的村政干部为主，同时吸收部分思想进步、积极抗日的青年和小学教员等。开学后，许多外地青年纷纷前来报名参加，凡愿抗日者，学校随时予以接收，编入班队。该校参照军事管理办法将学员编为若干分队进行培训。培训内容一是国际国内政治形势；二是中国共产党的《抗日救国十大纲领》与党的抗日民族统一战线方针、政策；三是抗日游击战争的战略战术；四是宣传民运工作。在学习训练中，还邀请理论水平高、富有工作经验的魏克明、乔启运、魏永生、赵树理等人讲课。每期三个月，学习期满后，经过小组鉴定，集体宣誓，并举行结业典礼，然后分配到各地开展抗日工作。1938年5月初，中共晋城中心县委在获泽中学举办"抗日军政干部训练班"，每期三个月，共举办了两期，学员共140名。这些学员大都是获泽中学的进步学生，培训结束后，分配到晋豫边区唐天际游击支队参加了抗日，少数人被保送到抗日军政大学深造。1938年12月，八路军晋东南干部学校在晋城成立，由朱瑞任校长。

最后是党校。抗日战争全面爆发前，经历了十余年的白色恐怖，山西各地的党组织遭到了严重破坏，组织机构不健全，党员人数很少，这显然不能满足对敌斗争及抗日根据地建设的需要。因此，山西抗日根据地创建初期，中共中央北方局就将党建工作列为重点，其中一个重要环节就是党员教育。中共中央北方局及各边区党委均开办党校。如1937年9月中共中央北方局在太原成成中学八路军驻晋办事处举办党员训练班（即北方局太原党校）。参加学习的共一百多人，训练班由山西省工委委员王一夫主持。1938 年 5 月，中共冀豫晋省委在长治屯留县寺底村开办党校。

3. 统一战线性质的干部教育传播

"七七"事变后，我党随即在山西推动建立抗日民族统一战线。1937 年 11 月，太原失守，山西大部沦陷，行政秩序完全混乱，阎锡山系统中官员、军人流失严重，急需补充干部。1937 年 9 月，国共两党正式宣布第二次合作。在这样的背景下，阎锡山接受中国共产党与其他进步人士的建议，在山西临汾铁佛寺创建山西民族革命大学，阎锡山亲自担任校长，并派亲信梁化之代表他具体负责学校的创设，但梁化之也不在学校任职，具体工作由政治处主任杜心源和教务处主任杜任之负责。山西抗日民族大学于 1938 年 1 月正式开学。学校招收了来自东北、华北沦陷区及海外华侨在内的 5000 余名进步青年，并吸引了包括邓初民、沈钧儒、李公朴、潘汉年等在内的知名人士任教。其中也有一批中国共产党党员进入学校，宣传党的抗日政策，吸收进步青年。山西民族革命大学正式开学仅一月有余，随着日军大举进犯临汾，学校也随之陷入动荡。一方面，山西民族革命大学带有明显的统一战线性质，阎锡山当局对我党的防范很严，各方面工作只能秘密进行；另一方面，山西民族革命大学存续时间较短，未能展开全面系统的教育。尽管如此，我党在其中也做了大量的宣传教育工作，起到了一定的效果。学校师生撤到吕梁山区后，有一批青年受党的感召，或者西赴延安，或者北上晋绥，为我党输送了一批优秀的青年知识分子。

据杜任之回忆，"民大"坚持正确方针，学生不久便增至 5000 人。除本校外，又设立了三个分校。第一分校在临汾，第二、第三分校在运城。教职员和学生中的各党、各派、各民众团体都在《民大纲领》的号召下团结统一起来。公朴先生来校不久，先后作了几次报告，他每天坚持同学生、教员一起跑步、爬坡，有时还参加军训、打靶。"民大"的课程绝大部分是讲授马列主义理论，包括唯物辩证法、社会发展史、政治经济学、民族革命理论和时事政治。[①]武创辰在回忆录中提到，抗战初期，山西统战线形势较好，民大充满了抗日进步的气氛。名义上阎锡山自兼校长，梁化之兼任办公厅主任；实际上学校主要负责人先后如杜任之、杜心源、梁膺庸等，都是我党干部。下属军事人员多为阎锡山的旧军人，有少量进步分子；政工人员和政治教官则绝大多数为共产党员或知名的进步人士、进步分子，所授课程主要是革命理论。党在民大不公开，它通过负责的党员干部和合法的政治工作系统，通过群众性的进步组织——"牺牲救国同盟会"，基本上掌握了民大的领导权。当时的民大，从政治上说，是我党领导下的一个统一战线性质的短期培训班。[②]

陆济在回忆录中讲述了当时民大同学的日常活动大致有以下几方面：

1. 会见知名人士。当时不少知名人士云集临汾，其中有哲学家陈唯实，有进步作家萧军、萧红（女）、徐懋庸、端木蕻良和诗人艾青、田间等，还有作家兼西北战地服务团的团长丁玲。同学们今天会见这位，明天又会见那位，忙个不停，有时，一群同学把这些名人围得水泄不通。

2. 办各种壁报、板报，开展对各种问题的讨论、辩论。这些活动吸引着很多青年去看书、去思考，讨论起来非常活跃。冬天的校园里到处都是人，有的谈论哲学原理、社会发展史、中国的前途，还有的谈论中国革命为什么要分两步走等问题。

二、干部教育传播的指导思想

整个抗战期间，党中央高度重视干部教育工作。党对干部教育的重视与抗日战争的需要密不可分，但其中也蕴含着党的建设思想和方略。

第一，通过干部教育传播，将各级干部的思想认识统一到马克思主义的思想路线上来，统一到中央的路线方针政策上来。

抗日战争全面爆发之际，一些干部不能紧密结合中国实际、结合抗

---

① 山西文史资料编辑部 . 山西文史精选——建国前的山西教育 [M]. 太原：山西高校联合出版社，1992:62.

② 同上 .

日战争的现实，实事求是地探索正确的抗战道路。有的则片面强调经验，不重视理论提高。另外，抗日战争全面爆发后，一大批知识青年和根据地的农民加入革命队伍，也带来了自由主义、小农意识等非马克思主义的思想意识。在这种情况下，迫切需要进行广泛的思想教育，将全党的思想认识统一到马克思主义的思想路线上来。

据相关资料记述，在晋西北抗日根据地开办的晋绥二中，学生大都是纯洁热情的青年，有抗日救国思想。但是开始时一部分学生认识不清国民党和共产党的区别，在政治上动摇不定，尚未确定自己应走的道路；一部分学生家庭较富裕，没有经过艰苦生活的锻炼，缺乏献身革命的决心；一部分学生有个人英雄主义思想，只想在革命队伍中做声名显赫的工作，不愿做平凡的工作。

针对这种情况，学校从 1943 年开始加强了政治思想教育工作，具体办法是：一、对课程做了适当调整，增加政治思想教育的比重。如停止了英语教学，数学课时间也略有减少，增加了时事政治课，经常给学生讲解当时的政治形势和国家大事，从爱国主义教育入手逐渐向学生灌输共产主义思想。二、广泛提倡学生阅读课外政治书籍。如在中学第一班，同学们争先恐后地阅读《中国共产党烈士传》、刘少奇同志的《论共产党员的修养》等书，组织学生参加暑期学习班，讲授中国近代革命史。三、在学生中发展共产党员。每个党员学生帮助一两个同学，启发他们在政治上进步，形成了跟着共产党走、为工农劳动人民服务最光荣的浓厚风尚。全校近五百名学生中，有一百多人被吸收入党。四、请分区党、政、军领导同志为学生做时事、政治、党的政策、根据地建设等各项报告。五、组织生产活动，培养学生的劳动观念。每年组织全校学生开赴生产基地参加劳动。此外，每年寒假，学校还组织学生参加征收公粮、办冬学等工作。这样，经过三年以上的学习，学生中除极个别人外，基本上树立了共产主义的远大理想，确定了跟着共产党走、为工农劳动人民服务的人生道路，这是一个根本的转变。[①]通过广泛的干部教育传播，马克思主义思想在全党得到普及，一大批进步知识青年逐渐端正了认识，认清了全面抗战的重要意义，理解了党的抗日民族统一战线政策，也克服了自身存在的不足，纠正了一系列错误的倾向与认识，成长为无产阶级知识分子。各级党组织及党员个人更能充分理解党在抗日战争中的路线方针政策，能够真正确立起抗战必胜的坚定信念，能够深刻理解敌后抗日游击战的重要意义，也能够积极主地动员社会各界参与抗日斗争。所有这一切，都是最终赢得抗战胜利的思想保障。

第二，通过干部教育传播，将个体经验集体化，提升党员干部的工作能力。抗日战争期间，虽然也经历了各种极端困难，但党的力量迅速发展壮大，担负起领导全国抗战的重要使命。在此过程中，各根据地党组织和共产党员在复杂的对敌斗争中结合实际，实事求是，创造性地形成了一系列有效的工作模式和做法，取得了一个又一个胜利。这些经验一开始都是局部的、个体的。干部教育过程中，通过学习交流、分析讨论，将这些成功的做法和经验推广运用，变局部和个体经验为整体经验，全面提升了干部队伍的素质与能力。

1942 年 3 月，晋察冀边区委员会主任宋劭文在干部会议上的讲话中指出："我们应该承认，我们的工作能力还远远赶不上工作需要……敌人的办法比我们多……上面的办法都比我们多。"[②]可见，当时各根据地存在干部素质不高、工作能力不强等问题。正是通过干部教育，推广工作经验，探索工作方法，才有效解决了这类问题，提升了革命干部的工作能力，为赢得抗战胜利提供了保障。

第三，通过干部教育，改善了党的作风，增强了党的凝聚力和战斗力。抗日战争期间，根据地的干部教育大体可以划分为三个阶段：

第一阶段，从抗日战争全面爆发到 1939 年底，这一阶段干部教育的

---

① 中国人民政治协商会议山西省委员会文史资料研究委员会．山西文史资料总第四十六辑 [M]．太原：山西省政协文史资料服务部，1986：121．

② 王谦．晋察冀边区教育资料选编（干部教育分册）[M]．石家庄：河北教育出版社，1990：25．

主要内容是引导帮助各级干部了解和掌握党中央的路线、方针、政策。第二阶段，1940 年到 1941 年底，这一阶段干部教育的主要内容是政治理论学习，中心任务是帮助党员干部了解马克思主义，掌握马克思主义的理论方法和思想精髓。1942 年之后为第三阶段。这一阶段的干部教育内容比较宽泛，涉及政治、理论、文化、业务等各个方面，旨在全面提升各级干部的综合素质和工作能力。

通过前述三个阶段的教育传播，切实解决了党员干部，尤其是基层党员干部思想认识存在偏差、工作能力不足等问题。尤其是 1941 年 5 月之后，党的干部教育成为整风运动的有机组成部分。通过干部教育，扭转了实际工作中的不良作风，进一步改进了学风、文风和作风，使党的面貌焕然一新，党组织的凝聚力和战斗力进一步增强。

第三节 社会教育传播及其指导思想

受历史因素影响，尤其是战争破坏，根据地创建时期民众文化基础薄弱，思想认识混乱，很难适应抗日战争的需要。为此，中国共产党创造性地制定并实施了一系列具有本土特色的教育措施。广泛开展社会教育就是其中重要的组成部分。社会教育传播的对象是根据地的普通民众，目的在于全面提高普通民众的文化素养和思想觉悟，尤其是民族意识，帮助他们理解坚持抗战的意义。冬学运动是抗日根据地最主要的社会教育传播。

一、以冬学运动为代表的社会教育传播

传统上，我国北方地区的冬季是农闲时期，民众基本停止农业劳动，空余时间较多。抗日根据地的边区政府根据这一特点，利用冬季农闲阶段将农民组织起来，帮助他们识字学文化，宣讲政治形势，所以称其为冬学。

1. 冬学运动的兴起

中国共产党坚持全面抗战，清晰地认识到"战争的伟力之最深厚的

根源，存在于民众之中"①，没有广大农民的觉醒，离开人民群众的支持，根本不可能真正赢得抗日战争的胜利。但是，山西的抗日根据地大多处于偏远山区，历史上教育基础薄弱，民众文化水平低，思想意识落后，这种现状根本不能适应全面抗战的需要。费正清这样描述了当时的中国社会："从社会角度来看，村子里的中国人直到最近主要还是按家族制组织起来的，其次才组成同一地区的邻里社会。村子通常由一群家庭和家族单位（各个世系）组成，他们世代相传，永久居住在那里，靠耕种某些祖传土地为生。"② 在这样的社会结构中，普通民众很难有广阔的视野和真正的民族情怀，自然也不会有投身抗战的热情和积极性。加强对社会大众的教育，提升其文化水平，唤醒其民族意识，号召他们积极投身抗战，大力支持抗战，是一项十分紧迫的任务。

早在抗日战争全面爆发前，阎锡山当局就在山西各地推行以冬季学习为主的"冬书房"，以期提升农民识字率，所谓"天寒地冻把书念，春暖花开务庄农"。但这些冬季学习一方面内容比较简单，大多只是局限于读书识字，扫除文盲；另一方面，开展范围也有限，只在一些人口较为密集、条件相对较好的较大村庄或者集镇开展，普及程度不高。抗日根据地创建之后，继承并改造了这一传统，将其推广扩展为普遍性活动，并且大幅增加了政治形势和宣传动员的内容。

一般认为，山西抗日根据地大规模的冬学运动开始于 1939 年冬季。此前，各根据地也在一定程度上推动冬季学习。最早开展冬学运动的是北岳区。1938 年秋末，中共晋察冀省委机关报《抗敌报》曾专门发表论述开展冬学运动的文章，并提出了开办冬学的十条具体办法③。在晋察冀根据地，1938 年冬到 1939 年春开展了第一次冬学运动，号召了大约 20 万群众参加学习，但因准备工作不足、教材不充裕、教员不够等原因，冬学工作的开展不是很理想，群众参加的积极性也不高。在晋绥根据地，

---

① 毛泽东.毛泽东选集（第2卷）[M].北京：人民出版社，1991：511.
② 费正清.美国与中国[M].北京：商务印书馆，1987：20.
③ 张国祥.山西抗战史纲[M].太原：山西人民出版社，2005：360.

也于 1938 年冬季启动冬学活动，由于类似的原因，效果也不是很理想。晋冀豫根据地在创建之初的社会教育更多的是通过民革室、青年夜校等方式开展的。总体来看，根据地创建之初，冬学运动的开展还不是很理想，但是这也为后来大规模开展冬学运动积累了经验。

2. 冬学运动的全面普及

1939 年 11 月 27 日，中共中央北方局机关报《新华日报》（华北版）特地发表《开展冬学运动》的社论，号召各地党组织和抗日民主政府在广大农村中开展冬学运动，通过冬学运动去教育民众，并扫除民众中的文盲。由此，拉开了轰轰烈烈的抗日根据地冬学运动的序幕，并很快在各抗日根据地普遍开展起来，成为抗日战争期间根据地建设的一道亮丽风景线。1939 年冬到 1940 年春，冬学运动全面展开，成为山西抗日根据地教育工作中的重要内容。1940 年 8 月，"冀太联办"发布关于开展冬学运动的计划，提出以"扫除文盲"为中心任务的冬学运动，"是巩固抗日民主根据地的重要工作之一"。规定从专区、县到区、村，各级都要组建冬学运动委员会，以领导冬学运动的顺利开展。为此，"冀太联办"还特别开办了民众学校教员讲习所，专门培训冬学的教员和领导干部，并且拨出专项经费，资助各地开展冬学运动。

1941 年 12 月，晋西北行署发出《关于冬学运动配合反"扫荡"战争的紧急指示信》，同时颁布《民国三十年冬学工作计划》，就冬学的性质与任务、具体要求、组织领导、经费与教材、工作步骤等作了明确规定。其中要求：在内地县份，凡工作基础较好的，平均每个行政村开办冬学二至二个半；接地区县份，工作基础较差者，平均每个行政村开办冬学一至一个半；各地模范冬学，应占到冬学全数的 5%。通过这样有区分的安排，晋西北抗日根据地的冬学运动迅速推广开来。

1943 年 4 月，晋冀鲁豫边区政府通令实施《民众学校暂行规程》，强调扫除文盲要从长计议，并且将公民识字标准作了调整，由原来 4 年的 1000 字提高到 1200 字。可见根据地政府对冬学运动的高度重视。

在晋察冀，1939 年 10 月，边区行政委员会通过了《关于冬学运动的号召及冬学运动计划大纲》，提出："用革命竞赛的方式，把冬学运动普及到边区的每个角落，深入到边区的每一个群众。"其后，从 1939 年冬季开始，到 1942 年冬季，连续推动五次冬学运动。每次冬学，都根据形势发展，确定不同的学习内容和中心任务。1942 年 2 月，晋察冀边区行政委员会公布《民众学校暂行规程》。同年冬，边区行政委员会发布《冬学教育实施大纲》，以识字多少将学员分为 4 个年级，并对各门课程所占的比重和应达到的标准作了具体规定。1943 年冬季之后，抗日战争已经度过了最艰难的岁月，根据地政权完全巩固，日军被压缩在城市和交通线附近，抗战形势业已好转。冬学运动也逐步常态化，成为根据地的常规工作之一。1944 年 10 月，晋察冀边区行政委员会发出《关于开展冬学运动的指示》，强调冬学应以提高群众文化为中心，着重开展识字运动。同时对冬学的内容与重点以及组织领导问题都提出了明确要求。同年 11 月，晋冀鲁豫边区政府和太行军区亦发出《关于开展冬学运动的指示》，提出了部队和冬学运动的关系问题，要求部队不但应积极参加冬学运动，而且要帮助驻地村庄的冬学运动。

在晋绥区，在前期探索的基础上，1940 年冬，首次启动有计划有组织的冬学运动，全区 19 个县设立了 3116 所冬学学校，覆盖了全部行政村，参加冬学的群众达 178182 人①。其后数年中，连续实施冬学运动。到 1944 年之后，晋绥区已积累了丰富的经验，形成了以村干部为主体、小学校配合、驻军及机关参与的冬学模式，有效保障了冬学运动的效果。

在太行区，也是在 1940 年前后，冬学民校全面取代民革室。根据要求，各县都成立冬学委员会，由县长挂帅，文教科长直接组织，工会、农会、青年团、妇救会、武装部等各个救亡团体及热心教育的社会名流积极参与，形成了全社会推动冬学运动的格局。而且，在冬学运动持续开展的过程中，

---

① 董纯才，张腾霄，皇甫束玉 . 中国革命根据地教育史（第二卷）[M]. 北京：教育科学出版社，1991：426.

民校也得到了健全，成为理想的农村社教组织。

3. 冬学运动的模式

冬学运动是山西抗日根据地社会教育的主要形式，各根据地边区政府结合本地区的具体情况，因地制宜地推动冬学教育，同时也形成了一些大体类似的工作模式和方法。

冬学运动一般包括三个阶段。第一阶段，动员发动阶段。一般每年11月初开始宣传动员，各边区政府下发指示要求，基层政府宣传动员，这项工作一般持续到月底。第二阶段，组织实施阶段。大体每年12月1日正式启动，到次年2月底结束，为期三个月。第三阶段，总结阶段。一般在冬学结束后的3月份进行，年度冬学运动到3月底全部结束。

抗日根据地兴办的冬学运动是在极端困难的条件下开展的社会教育运动。一方面是极端薄弱的物质基础和师资条件，另一方面还要应对日军的"扫荡"。在这样艰难的条件下，根据地军民克服困难，创造性地开展工作，形成了一系列富有特色的经验和做法。

为克服师资力量不足，创造性地实施了小先生制。小先生制是教育家陶行知先生的教育主张之一，其原则是"即知即传"。为克服师资力量不足的困难，各抗日根据地创造性地推行了小先生制。通过推行小先生制，将校外失学儿童组织起来，帮助失学儿童读书识字。还发展家庭教育，让识字的儿童帮助文盲父母识字学习。小先生并非都是小学生，而是任何接受过冬学教育的群众都可以成为家里的小先生。家里只要有一个人识字，他便是这一家的先生了，在任何场所——树荫下、茶馆旁、房檐下，均可实施教育，在任何时间——劳动中、休息中、吃饭时，均可进行教育。"于是乎有妻子教丈夫、儿子教父亲的故事到处传为美谈。"[1]为提高学习效率，学以致用，冬学坚持教育与生产劳动相结合，学习内容以与生产劳动相关的知识为主。如教妇女"怎么样买棉花纺花织布"等，边生产边学习，

---

① 曹剑英 . 晋察冀边区教育史 [M]. 石家庄：河北教育出版社，1995：119.

有效激发了民众的学习积极性，还提高了学习效率。晋绥边区一位妇女这样讲述："一冬就识下二百多字，到现在已识下一千多字，能写日记，也能开路条记账了。"①

山西各抗日根据地为了保障冬学运动的开展，在极端困难的情况下，多方面筹措经费，保障教材供应。但教员大多为义务劳动，不领取任何报酬。根据地军民在这样的条件下大力推动冬学运动，充分体现了共产党人艰苦奋斗的精神。值得指出的是，各根据地的妇女群众在冬学运动中表现出了巨大的热情和积极性。由于广大妇女参加生产劳动，在经济上获得了独立，因而对文化的要求就迫切起来，成为冬学运动的热烈拥护者和参加者。1939 年，以北岳区为中心的晋察冀边区，冬学增加到 5379 个，其中女冬学即达 3500 个；入学人数由 18 万人增加到 390459 人，而又以妇女入学人数增加最多。在太岳区，1940 年开办妇女冬学或识字班 532 个，参加学习的有 12496 人。在晋绥边区，从 1944 年冬到 1945 年春的冬学运动，仅河曲、保德、临县、交城、偏关 5 县，入冬学的妇女就达到 13628 人。在临南和离石两县，入冬学的妇女更为普遍。

而且，各地冬学在扫除文盲的过程中还培养了一大批人才，充实和加强了建设新民主主义农村的骨干力量。在北岳区，仅一、四两个专区，即培养冬学教员 5988 人，其中有一部分人还提升为小学教员，一部分人成了文化工作方面的干部。在晋绥边区，仅河曲等 5 县的 84 个冬学，提拔当了抗联、行政、生产、民兵等干部的即有 193 人。②

需要指出的是，冬学是根据地社会教育的最主要形式。除冬学外，山西抗日根据地还实施了其他形式的社会教育，有办板报、发行报纸、演出戏曲、举办民革室等各类方式。通过这些社会教育活动，有效提升了根据地人民的文化水平，增强了他们抗击日军的信心和积极性。

---

① 胡晓风 . 陶行知纪念文集 [M]. 成都：四川人民出版社，1982：86.
② 张国祥 . 山西抗战史纲 [M]. 太原：山西人民出版社，2005：36.

二、社会教育传播的指导思想

社会教育是最典型的教育传播。在抗日战争特定的背景下，山西抗日根据地军民在党的领导下坚持开展社会教育，着力提高根据地人民的文化水平，为赢得抗战胜利奠定了坚实的基础。其指导思想集中体现在以下三个方面：

第一，高度重视，坚持不懈，动员和组织人民群众参加抗战。动员和团结人民群众、依靠人民群众是中国共产党领导人民坚持全面抗战的法宝。面对根据地群众文化水平低、思想觉悟落后的现实，中国共产党持之以恒，坚持开展社会教育。从初期创建民革室到后来大规模组织冬学运动，卓有成效地发挥了社会教育的作用。

第二，不畏困难，艰苦奋斗，调动一切积极因素创造性地开展社会教育。在极端困难的条件下，根据地军民想方设法克服困难，全面动员参与，各级各类党、政、军、民机关倾力协助，开展了轰轰烈烈的冬学运动。紧密结合社会现实，有效调动各类积极因素，物尽其用，人尽其力，因地制宜地推动工作，是成功开展社会教育传播的有效手段。

第三，主题明确，中心突出，紧紧围绕抗战需要开展教育。抗日根据地的冬学运动中，宣传抗日始终是核心主题。冬学的课程安排也是首先保障政治课，要求帮助民众知道法西斯轴心国家的名称、理解认识他们侵略的目的和罪恶、理解正义战争的目的和赢得胜利的条件、中国抗战的特点与形势、敌人破坏根据地的阴谋及应对手段，等等。这些内容，紧紧突出抗战的中心任务，起到了传播效果最大化的作用。

第四章 山西抗日根据地教育传播的内容

传播的内容是指传播活动中所承载的信息。传播的内容是传播活动的核心，传播活动的主体、媒介、效果等均受传播内容的影响。教育传播与其他传播活动有着明显的不同，其他传播是水平方向的传播，即传播者与受众处于同一平面。教育传播则是一种垂直方向的传播，即传播者的知识水平高于受众，而且传播具有明显的目的性，旨在引导受众。

山西抗日根据地的教育传播是在党中央的领导下推动全民抗战的战略性举措之一。整个抗战期间，中国共产党以教育传播为抓手，唤醒并激发民众的民族意识和爱国主义情怀，提高民众的科学文化水平，让民众学习对敌斗争的本领，成功地壮大了抗日力量。从传播的内容看，主要包括政治与形势、科学文化、业务知识等，但根据教育传播类型的不同则各有侧重，且具体内容也有一定的区别。

第一节 学校教育的传播内容

抗日根据地的学校教育工作有两个显著特点：一是在教学内容上把课堂上的文化学习和社会实践紧密结合起来，既提高学生的文化水平，也提高学生的政治思想和阶级觉悟。比如，许多学校的教师启发学生诉苦，组织学生听农民诉苦。有的让学生记斗争日记，有的把本村的真人真事编成快板小调作为补充教材。第二个特点是在教育方法上把课堂教学和参加斗争实践结合起来。比如学生们经常利用节假日，以演剧、唱歌等形式宣传抗战精神。它培养出来的学生不仅有一定的文化、科学知识，而且还有较高的政治觉悟和艰苦奋斗的精神。

课程是学校教育传播内容的最直接体现。抗日战争期间，中共中央对于各抗日根据地学校教育的课程内容作了十分详细的规定，构成了学校教育传播的主要内容。山西各抗日根据地根据中央的统一要求，结合各地具体情况确定课程及其具体内容。除课程之外，学校教育的其他课外活动内容也是学校教育传播的重要组成部分。

一、小学课程

1940年3月15日，《中央宣传部关于各抗日根据地内小学教育的指示》在课程方面作出了具体要求，主要内容包括：1. 课程内容包含初级普通教育所必需的关于自然、社会、劳作之知识、技能与学习方法。2. 初级小学需要开设四门必修课程，有国语、算术、唱歌、运动，其中国语课包含了自然、社会、劳动等。当时的国语课程不是单纯的语文课，而是多个类别知识的总括。3. 高级小学的课程主要以国语、公民、常识、算术、自然、史地、唱歌、运动等为主，并要求开设一定的时事政治教育。其中，公民、常识课程主要涉及根据地建设内容，自然课程包括生产劳动、卫生健康等方面的知识，并涉及军事知识。

《中央宣传部关于各抗日根据地内小学教育的指示》还明确规定，各根据地的教材由边区或行署教育处负责审定。根据这一精神，各根据地政府教育行政部门组织编订出版本区域内的小学教材。以太岳抗日根据地为例，区内各小学的初级小学开设国语、算术、常识、公民、音乐、军操、美术与劳作等课程。小学采用行署新编教材，不足部分从《大众报》节选内容。区内高级小学开设国语、算术、自然、卫生、地理、公民、新闻学、音乐、军操、美术、劳作等课程，其中国语是最主要的课程，教材从《国防国语》《大众文艺》《新标准国语》等杂志中选取。[①]自然、地理、历史课程的教学内容从集训教材中选取，算术选用行署编的课本和新中华

---

① 刘淑珍. 晋西北抗日根据地教育简史 [M]. 成都：四川教育出版社，2000:296.

教科书。

根据抗日根据地的教育方针，除基本的课程外，各小学还经常开展与抗战相关的各类政治动员和训练，以全面推行新民主主义教育，适应抗日战争的需要。主要类型有救亡训练、儿童团等课外活动。这些活动本身就是重要的教育传播，其中承载的传播内容以政治、军事、生活等知识为主。

1. 救亡训练

以晋察冀抗日根据地为例，小学要开展抗日救亡训练周活动，训练内容包括：（1）统一战线。教育学生团结一切进步力量共同抗击日军。（2）抗战训练。倡导坚持公理正义，奋斗到底，宁做战死鬼，不做亡国奴。（3）春耕教育。教育学生搞好农业生产，支援抗日战争。（4）锄奸教育。宣传忠于国家，不为敌人所用，并协助锄奸。（5）自卫教育。教育学生时刻准备好抵抗敌人，不受任何物理伤害。（6）防空教育。帮助学生了解如何防御敌人空袭。（7）服务慰劳。引导学生为抗战服务，慰劳抗日英雄。

2. 儿童团

为发展儿童自我教育，动员儿童参加抗日战争，根据地的儿童教育发展也很快。抗日战争初期，由于战争的破坏与形势的动荡，晋西北、北岳、太行和太岳区的小学基本瘫痪，有三分之二的学生失学。从 1940 年后半年起，根据地抗日政府一边领导广大群众与日军进行军事斗争，一边开始恢复和重建学校。到 1941 年上半年，原有的小学基本上得到恢复。到 1942 年，在恢复的基础上又有较大的发展，太行区小学达到 1237 所，拥有学生 5.3 万人。晋西北小学达到 1546 所，拥有学生 6.3 万人。由于日军的频繁"扫荡"，当时各地小学的办学形式都有很大的灵活性，概括起来大概有以下几种：通过变工互助建立的民办小学、半工半读的一揽子小学、学习与生产轮换的间日学校、在废旧私塾的基础上建立的新学堂、适应战争环境的游击小学、适应农村分散和师资不足的巡回小学。教育内容以公民、国语、历史、算术为主科，以地理、劳作、音乐、军事为副科。

教学方式废除了注入式，采用了由浅入深的启发式和实验教育。学习管理采取与战争、生产、社会三者相结合的办法，为抗日战争时期的教育工作积累了宝贵的经验。

根据地政府要求各小学校组建儿童团，根据需要，各校建立儿童团校团部。儿童团组织划分为小队、中队、大队三个层级，并由学校委派老师担任指导员。儿童团的训练坚持"教学做合一"，通过演讲、讨论、批评等方式开展军事训练，学习政治常识，实施生活锻炼。具体工作包括组织、宣传、教育、纠查、通信、辅助等各个方面。抗战期间，各根据地都曾涌现出一大批少年儿童积极参加抗日工作，以各种形式参与对敌斗争，有的甚至献出了宝贵的生命。从教育的角度看，课外活动一般被视为第二课堂，与课堂教学一样，也是重要的教育途径。从传播的角度看，课外活动所传播的信息同样丰富多样，且具有特别的传播效果。抗日根据地学校的课外活动内容多集中于政治军事方面，充分体现了当时抗日战争大局的需要。

二、中等教育

山西抗日根据地的中等教育大体分为两种类型。一种是普通的中等学校，当时没有区分初级中学和高级中学。另一类是师范教育。抗日根据地建立后，发展教育面临的最大问题之一就是中小学师资力量不足。因此，各根据地在政权得到初步巩固后就着手新建或改建师范学校，以加强师资培训。

1. 普通中学

抗日根据地建立之初，国民教育的重点在于恢复小学教育。这一时期中学教育也有一定的发展，各根据地政府在条件允许的地区组建民族革命中学。各抗日根据地基本得到巩固后，中学教育也开始全面恢复。根据地中学的课程分为基本课程与政治、军事、艺术四科。

基础学科占到全部课程的40%。主要课程包括：（1）国语。主要选择当时比较重要的政治论文与新文学作品作为教材。（2）数学。涵盖了算术、代数和几何，知识内容比小学更为丰富。（3）历史。传播内容偏重中国近代史和革命史。（4）地理。既有自然地理知识，也包括各地的经济状况、政治制度等，内容大多与抗日战争的需要紧密联系。（5）自然。包括物理、化学、生理卫生等方面的知识，同时也要求与抗日战争的现实紧密结合。

政治类课程也是传播的主要内容，占到全部课程的30%。主要包括：（1）政治常识。即人类社会历史及世界政治的基本常识。（2）三民主义与统一战线。具体传播"联俄、联共、扶助农工"的新三民主义理论、党的统一战线理论、论持久战的战略思想等。（3）形势与时事报告。传播世界反法西斯战争及中国抗日战争的整体态势和发展趋势。此外，不同地区、不同学校政治类课程的开设情况略有差别，课程名称也各不相同。有的还开设如《大众哲学》《科学社会主义》《日本侵华史》等课程。

军事类课程占全部课程的20%。具体包括：（1）军事常识。传播通讯联系、侦察、武器使用等方面的基本知识，以及行军、驻军等一般性知识。（2）游击战争。传播与游击战争相关的策略、技术等知识。

艺术类课程占全部课程的10%。主要涉及歌咏、美术、写作等。

总体看，抗日根据地学校教育传播的内容具有三方面突出特点。第一，传播内容具有突出的政治性。政治与时事是传播的主要内容，不仅开设有专门的课程，而且在基础知识类课程中也有意识地突出政治教育。第二，传播内容较为全面。尽管根据地条件艰苦，但国民教育仍然充分体现了马克思主义的教育理念，在着重满足全面抗战需要的基础上，坚持德、智、体、美、劳全面发展，传播内容丰富多样。第三，传播内容具有实用性。学校教育所传播的知识信息，如生产劳动知识、技术知识、军事知识等，均具有明显的实用性特征，旨在切实解决根据地生产建设及对敌斗争中面临的一系列现实问题。

2. 师范教育

相对于普通中等教育，师范教育明显增设了教育类课程。各根据地的师范学校一般由边区政府教育行政部门管理，教育行政部门对课程的种类、比例等提出明确要求，具体的教材选编和使用则由教师自主确定，并提交上级审核。

1940 年晋察冀边区文化教育会议通过的决议案对师范学校的课程设置比例作出了明确规定。包括：政治课 20%，教育课 20%（教育概论、小学教育、社会教育），语文课 15%（国语、修辞、文法），数学 10%，史地 10%，自然 10%（动植、矿物、生理卫生、理化），艺术 10%（音乐、戏剧、美术），军事 5%（军事常识、游击战术）。此外，还要求课外开展自由学习、军事体育等活动。

晋冀鲁豫根据地的师范教育也实施三年学制，学生在师范学习期间总计完成 2844 小时的学习。其中，政治常识 216 小时，国文 720 小时，应用文 72 小时，数学 396 小时，史地 360 小时，生理卫生 72 小时，自然与生产 144 小时，理化 108 小时，教材教法 108 小时，小学教育理论与实践 144 小时，体育、文娱等各 144 小时，习字、美术各 108 小时。

晋西北根据地的师范学校主要开设三类课程。第一类为政治课，包括中国问题、根据地政策、整风文件等内容。第二类为业务课，包括工作技术、军事常识、公文写作等。第三类为文化课程，包括国文、近代史、地理、算术、自然、音乐、美术等。

总体来看，师范教育传播的课程内容主要针对小学教学需要，涉及面较宽，知识内容丰富。经过学习，基本能够满足初高级小学教育的需要。

第二节 干部教育的传播内容

抗日战争一开始，党组织就把干部教育提上了议事日程，并且做了很多力所能及的工作。当时为了解决干部缺乏的问题，从中共中央北方局到新建立的中共晋察冀省委、冀豫晋省委、晋西北省委及山西省委都普遍开办了干部培训班。当时除华北军政干部训练所、晋南干部学校、抗大一分校外，各地区和各县都办了干部训练班和小学教师训练班。这些训练班虽然条件差、时间短，但却培养了一大批干部，为抗日游击战争的发展和抗日根据地的开辟做了极为重要的组织准备。

抗日军政大学总校于 1940 年 2 月到达太行区武乡县（后迁至邢台县浆水），推动了太行根据地干部教育工作的发展。当时太行、太岳建立的中学，特别是抗战建国学院，培养了大批干部。

基于特定的目的，干部教育传播的内容与国民教育明显不同。抗日根据地的干部教育主要包括短期干部培训、党校、高等干部培训等。不同类型的干部教育各有侧重，在传播内容上略有差别，但传播内容大体类似。抗日根据地的干部教育的传播内容，"既有世界观、人生观和价值观等哲学和价值理论方面的内容，也有科学知识、人文知识、国史党史和国情方面的内容"①。丰富的传播内容可以大致划分为马克思主义理论、党的教育、时事教育、专业知识教育等类型。

一、马克思主义基本理论传播

抗日战争时期，我党将马克思主义基本理论与中国革命的具体实践相结合，实事求是地探索中国革命道路，取得了重大的理论突破。将马克思主义中国化成果在广大干部中传播、提升抗日干部的理论水平就成为干部教育中最为重要的任务。

关于马克思主义基本原理，着重传播辩证唯物主义与历史唯物主义理论。各抗日根据地干部培训使用的教材略有差异，但内容基本类似。教材有《社会科学概论》《中国近代革命运动史》《唯物主义原理》等。这类传播的目的是帮助广大干部学习马克思主义基本理论，掌握使用这些理论分析问题的方法，正确区分新三民主义与共产主义的区别，从而提高干部的理论与认识水平。受条件制约，教材并不充足，很多时候需要依靠油印或者手抄的文本进行学习。无产阶级教育家成仿吾在回忆抗日根据地的干部教育的历史经验时讲道："总的方针，用革命的理论与方法培养干

---

① 何磊 . 延安时期怎样进行党的干部教育 [J]. 群众 ,2019,(06):64.

部是没有变的。课程也是少而精的，在这一时期确定下来的主要为社会科学概论（包括社会发展史、政治经济学常识，有时还讲世界近代革命史）、中国革命史、民众运动、游击战争与军事报告，有时还讲辩证唯物论与历史唯物论。"[①]

关于马克思主义中国化理论，着重传播毛泽东思想的理论主张。毛泽东在抗战期间的一系列伟大著述，如《论新阶段》《论持久战》《新民主主义论》《改造我们的学习》《为人民服务》等，都是当时干部教育中经常使用的教材。干部教育过程中，还摘选和引用《新华日报》社论、重要领导人讲话等内容。这一类教育传播的目的在于引导广大干部学习并接受马克思主义中国化的最新成果，掌握运用马克思主义原理解决中国现实问题的基本方法，引导党员干部正确认识抗战中面临的困难。

二、党性教育传播

抗日战争期间，中国共产党特别重视党的建设，党性教育成为干部教育中的重要内容。通过党性教育，将党打造成一个纪律严明、作风优良、勇挑重担的政治组织，充分展现了党的先进性和战斗力。从传播内容的角度看，可以划分为以下几部分：

党性教育的首要方面就是要求各级干部在实践中改造自己的世界观、人生观、价值观。在艰苦的环境中经受政治锻炼、斗争锻炼，号召党员干部"为党为革命牺牲"，"出钱出粮在前，出力在前，牺牲在前，在各方面能做群众的模范"[②]，在实践中不断提升自己的政治素质。在干部教育过程中，将党中央在各个时期的指示与各根据地的具体工作相结合，以这种密切联系实际的教育引导党员干部提升思想觉悟。

党性教育传播的另一方面重要内容是关于党的组织纪律性教育。抗日战争期间，党组织本身发展很快，一批新党员加入党组织，不可避免地带入一些不符合要求的思想观念和行为习惯。通过干部教育，一方面要帮

① 王谦.晋察冀边区教育资料选编（回忆录分册）[M].石家庄：河北教育出版社,1990:56.
② 彭真.关于晋察冀边区党的工作和具体政策报告[M].北京：中共中央党校出版社,1981:195.

助他们提高认识，改造思想；另一方面也要传播党的纪律要求，从行为习惯上加强党员的组织意识。在党的纪律建设方面，坚持教育与纪律相结合的原则，"对待干部的错误，基本办法是教育。纪律是不得已的教育，当然又是必要的"①。干部教育中，将纪律教育置于纪律处置之前。从教育传播的角度看，干部教育中包含了大量关于党的纪律的内容。

三、能力教育传播

抗日根据地大多位于落后的山区，经济社会基础薄弱，加之日军的侵略破坏，可谓是百废待兴。革命干部不仅要应对残酷的对敌斗争，而且要加速推进根据地各项事业的建设。在这种情况下，通过干部教育迅速提升干部的工作能力就显得十分迫切。能力教育传播的内容大体可以划分为以下三种类型：

1. 文化知识

普遍提升广大干部的文化水平是根据地干部教育的重要任务之一。根据地各中学是对干部进行文化知识传播的重要机构。各根据地设置的中学也承担着培训干部的职能，如太岳区就明确规定各中学要进一步贯彻新方针，培养县、区初级干部。在晋西北，富有盛名的永田中学的前身之一就是八分区干部培训班。

在各抗日干部培训学校中，科学文化知识是最基本的传播内容。以晋察冀第八中学为例，这所只存在了两年多时间的中学是一所党领导下的"抗大式"学校。主要任务是培养地方干部和根据地初级教育的师资。据当时在该校任教的老同志回忆，在学校里，学生所学的课程中文化课程占了相当大的比重，具体包括：数学、语文、历史、地理、生物（动物学、生理卫生），部分时期，还开设了外语（英语或日语）教学。通过这些科学文化知识的传播，帮助很多革命干部打下了坚实的文化知识基础，

---

① 总政治部办公厅. 中国人民解放军干部政治工作历史文献选编（第 1 卷）[M]. 北京：解放军出版社，2004:36.

使他们更有能力胜任各种工作。

2. 军事能力

在山西抗日根据地，抗日军政大学各分校是开展干部教育的主体。抗日军政大学及其各个分校本身就属于军事编制，入校后按照军队模式进行管理。学习过程中，军事技术占据了很大的比重。除军事理论外，还要进行相当比例的军事能力训练，甚至临时分配到作战部队中参加战斗。

据孙毅等老一辈革命家回忆，1938 年 1 月，晋察冀边区在五台县组建晋察冀军区军政干部学校。经过为期半年多的培训学习，到 8 月初，学校一、二大队提前毕业，毕业生将奔赴抗日前线。根据地政府送来慰问品慰问毕业生，并为他们送行。正在准备会餐，突然接到军区通知，敌人开始进攻，已接近学校所在地，命令学校随军区转移。学校师生来不及吃饭，立即组织转移，并派二大队跑步占据有利地形，掩护校部转移。次日，学校转移过程中路过林泉关，爬长城岭，还随机布置了一次防御、进攻的实战演习。可见，当时干部学校的军事训练甚至实战几乎随时可以开展。

各分区的干部教育中，包括中学在内，都有军事教育的内容。以晋西北第二中学为例，1941 年 4 月，在经历了日军的大"扫荡"后，晋绥八分区恢复第二中学。课程设置中包括了一定的军事课程，老师主要讲解游击战略战术，并进行一定的军事技术训练。这些经过训练的学生到后期甚至可以独立开展反"扫荡"斗争。

3. 专业业务

根据地的建设不仅需要军事干部，而且也需要大量的业务干部负责管理根据地的各项行政事务。干部培训中也包括了相关的业务能力培训。各根据地先后组织不同类型的业务能力培训，让根据地干部掌握科学种田技能、财务管理规范及简单的机械原理等，通过这样的培训，在较短的时间内增强了根据地基层干部的工作能力，有力地支持了根据地的各项建设。

1942 年 2 月，中共中央发出《关于在职干部教育的决定》，其中关于干部教育的内容，特别强调业务学习的重要性。明确指出："一切在职干部都须给以业务教育，实行'做什么学什么'，无论哪一行业的干部，必须学会与精通自己的业务，这是第一个教育任务与学习任务……学习范围包括：关于与各部门业务密切关联的周围情况的调查研究；政治、法令、指示、决定的研究；具体经验的研究；历史知识、科学知识。领导机关负责供给材料。轻视业务学习是错误的。"[①]

在抗日战争的岁月里，保德县创办了晋绥边区第二中学。这不是普通中学，而是一所培养干部的学校。它证明，在贫瘠的晋西北抗日根据地，我们党也十分重视吸收知识分子，通过办学校把大批青少年学生培养成革命干部。

晋绥二中创建于 1941 年 6 月，校址最初设在河曲旧县镇的海潮寺里，当时招考吸收的学生有五十多人，大部分是小学毕业生，也有小学未毕业的。年龄大都在十五六岁，也有十二三岁和十八九岁的。对学生的年龄和文化程度没有严格的限制，入学都经过考试。晋绥二中这时属于创办时期，主要是通过招生、考学扩大影响。学校没有教材，由教员临时编选，内容较深。此外，还有英语、算术、地理、植物、生理卫生等课程。早晨出操，晚间集合点名、唱歌，学校负责人训话。学生全部公费，生活集体化、军事化。

第三节 社会教育的传播内容

抗日战争时期，广泛开展的社会教育也是根据地教育事业中引人注目的一个方面。顾名思义，社会教育的主要对象是广大社会民众及不脱离生产的成年劳动者。山西抗日根据地的社会教育传播几乎与各根据地建设发展同步。

例如，在晋察冀边区，无论是中心村庄还是自然村都根据本地情况

---

① 刘淑珍．晋西北抗日根据地教育简史 [M]．成都：四川教育出版社，2000:296．

建立了诸如冬学、民校、识字班、识字组等学习组织。1939 年至 1942 年，各地冬学运动如期进行，参加冬学的人员越来越多，冬学甚至普及到山高路远的偏僻村落。据统计，北岳区的平定、阜平、广灵、平山、行唐、灵寿、新望、新乐等县，男女文盲共 130653 人，入学者达 86%。

山西抗日根据地社会教育传播的主要内容包括三个基本构成部分，一是以扫盲为核心的识字运动；二是以抗日动员为主旨的思想文化教育；三是一定比例的生产劳动技能教育。

一、扫盲识字

山西各抗日根据地创建之初社会基础极为薄弱，抗日根据地群众的文化基础极差，文盲率极高，很多人连自己的姓名都写不出来。加之日本侵略者的"三光"政策和奴化宣传，流氓、散兵等到处都是，经济十分萧条。这样的状况显然难以支撑抗日战争的需要。扫除文盲、提高民众的文化水平就成为建设和巩固抗日根据地的内在要求。

山西各抗日根据地扫盲识字教育的主要方式基本相同，包括两种途径：一是季节性的冬学运动；二是组织长期性的识字班、读报组、民族教育馆等。山西抗日根据地在扫盲识字中开创了一系列行之有效的办法，这些办法由于符合教育教学规律，因而传播效果也非常好。

比如，看到什么学什么。民众识字，紧密结合生活，看到马就学写"马"字，看到牛就学写"牛"字，生活中接触到什么就学写什么，省心又省力。再比如，在村口的岗哨棚边上每天换一个字，村民路过时问问站岗人员就认识了一个字。在民族教育馆、民革室等，还通过编写顺口溜、编快板、编抗日小剧等方式引导和帮助民众识字。各种类型的识字教育运动很快在各抗日根据地普及开来。

在晋察冀抗日根据地，1938 年 1 月，边区军政民代表大会通过的《文化教育决议案》明确提出将"提高一般民众的文化水准，并增进他们的健康"①作为社会教育的重要目标。在根据地各级政府的号召和推动下，晋察冀边区出现了民众学习的热潮。随后，边区政府很快拟定了推动社会教育的计划。具体措施包括充实和发展识字班或夜校、发展民革室、建设民众教育馆、组织剧团和歌咏社等。并积极动员号召妇女识字。同时，大力开展冬学运动，加强文化学习。

在太行抗日根据地，从抗日根据地创建之初就大力建设民革室、俱乐部或救亡室，还兴办夜校、识字班等，引导民众学字认字。根据地基本稳定之后，又积极推动冬学运动。太岳区还编写了《新编千字文》作为识字课本，凡识字不满 1000、年龄在 15 岁以上的男女均可参加识字学习。

在晋绥抗日根据地，也以类似的方式开展民众的扫盲识字运动。1940 年颁布的《民国三十年冬学工作计划》明确提出文盲要识字 200，必须达到会写、会念、会讲的效果。已经识字 200 以上的，在此基础上再识 200，同样要求会写、会念、会讲。为推进扫盲识字，各县区还开展了识字竞赛，对识字较多的群众进行表扬。

遍布各抗日根据地的扫盲识字运动中，还涌现出一系列激励人心的故事和人物。如晋察冀学习模范梁文耀，他本是一名普通的农村青年，担任根据地村干部，自我感慨："当个干部连通知也看不懂，多难为情？"不识字不仅无法处理公务，还经常吃亏，把五十元的票子当五元花。实际工作和生活经历激发了他学文识字的强烈愿望。于是，他带领他的变工小组组成识字小组，利用生产劳动的空余时间进行学习。经过一段时间的努力，去区里开会，能记笔记了；回去传达精神，说话有根。以往求人开路条，现在自己就能开。还被推选为边区的识字模范。

为了推进扫盲识字运动，各根据地政府还积极推广新文字运动。1941 年 2 月，晋察冀边区就通过了《关于推行边区新文字运动的决定》，提出"使群众能很快地获得这个容易得到的求知工具，使群众在得到这个

---

① 王谦. 晋察冀边区教育资料选编（教育方针政策分册）[M]. 石家庄：河北教育出版社 .1990；1.

工具后，能够利用它，学习政治，提高文化程度"①。通过推行简化汉字，方便群众识字，有效提升了扫盲效率。总之，通过根据地各级政府的大力倡导和推动，社会教育迅速发展，学文识字一度成为一种时尚，出现千家万户男女老幼学习的景象，根据地群众的文盲率明显降低。

二、政治教育

抗日根据地的社会教育始终把政治教育放在十分突出的位置。社会教育传播中，政治教育是其最重要的部分。从传播内容看，抗战教育是其中的核心部分。各根据地在开展社会教育的过程中，根据不同时期抗战的整体局势，选择确定不同的主题开展教育传播，并将其融入到社会教育全过程中，有效地发挥了动员和组织民众的作用。

抗战教育的首要任务是唤醒群众的民族意识，深化抗战动员，坚定民众抗击日军的信心。如太岳抗日根据地编写的社会教育教材中就有如下内容：

"我们是中华民族的儿女，我们生在中国，长在中国，这里有我们的祖先坟墓、田园财产、父母妻子、兄弟姐妹。日本鬼子要烧我们的房舍，抢我们的财产，残杀我们的同胞，还用各种甜言蜜语和威胁利诱的办法欺骗我人民，麻痹我人心。可是我们中华儿女是有血性、有气节的。四年多敌人烧杀抢夺奸淫的仇恨，我们是不能忘记的，我们要报仇。我们已经认清楚，只有坚决打走鬼子至死不投降，才能保卫我们自己的家乡，保卫我们的生命财产。"②

简短的文字中饱含着强烈的民族自尊心，体现了抗战到底的意志和决心。整个抗日战争期间，山西各抗日根据地在民众教育中创造了各种各样的形式，包括歌曲、快板书、顺口溜、黑板报、版画、话剧、歌舞，等等。

例如，1941 年，晋察冀边区政府编印了《冬学政治教材》，在边区冬学运动中普遍推广。其中列出了 10 条国民誓约，包括：不做汉奸顺民、

---

① 王谦 . 晋察冀边区教育资料选编（教育方针政策分册）[M]. 石家庄：河北教育出版社 ,1990:270.
② 李田定 . 太岳革命根据地教育简史 [M]. 太原：山西经济出版社 ,2002:225.

不当敌伪官兵、不参加伪组织维持会、不替敌人汉奸做事、不给敌人汉奸粮食、不买敌人货物、不用汉奸票子、爱护抗日军队、保守军事资财秘密、服从抗日民主政府与法令，等等。

抗战教育传播中，还包含了一些军事斗争技术技巧的教育内容。例如，沁源县在开展社会教育中编写的顺口溜中就有如下内容：

"敌情紧急，坚壁东西，离村要远，还要秘密，许多东西还要坚壁在一起。敌情紧急，大家要互助，先把病人抬出村，再帮老弱和抗属，互相来帮助，大家有好处。[①]"这些看似简单的话语，通俗易懂，其中包含着丰富的对敌斗争的经验和技术信息。正是这样的教育传播提升了根据地群众的战斗能力，壮大了抗日力量。

在艰难的抗日斗争中，社会教育还有针对性地突出了政治教育的内容。抗日根据地创建后，普通民众政治觉悟低的问题非常突出。针对这一问题，在实施社会教育的过程中，一方面，大力宣传中国共产党的抗日民族统一战线政策，唤醒民众的国家意识和公民意识，使他们理解并自愿为抗击日军做出贡献。另一方面，宣传中国共产党的世界观、社会观和意识形态，尤其是对普通群众进行阶级教育。向民众宣讲什么是阶级、阶级是如何形成的、为什么农民生活陷入贫困、贫困的根源在哪里、农民怎样才能摆脱贫困、中国有哪些阶级、各阶级有什样的特点和行为、中国共产党的目的和任务是什么，等等，诸如此类的内容广泛体现在社会教育中。

① 李田定. 太岳革命根据地教育简史 [M]. 太原：山西经济出版社,2002:226.

第五章 山西抗日根据地的教育传播模式

　　传播活动的基本构成要素包括传播主体、客体、信息内容等，但仅有这些基本构成要素还不能完成传播活动，需要有一种将这些要素整合在一起的途径或者机制，这就是传播模式。简言之，就是以什么样的方式使信息在不同要素之间流动。抗日根据地的教育传播，整体上是由处于领导地位的中国共产党向普通社会层面的信息传播，小学教育针对尚未掌握必要文化知识的少年儿童传播，干部教育则由党的上级组织向基层党员干部传播，社会传播则是由党内向党外传播。这是具有明显单向度特征的传播。从传播模式的角度看，这样的传播相对比较简单。

　　1948 年，美国数学家 E. 香农和 W. 韦弗提出了"香农－韦弗模式"。这一模式较为准确地表达了单向度传播的过程和特征。这一模式的图示是：

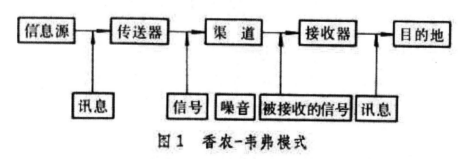

图1　香农－韦弗模式

　　这一图式完整地描述了单向度传播中从信息源到目的地的各个环节。从中可以发现，从信息源到目的地之间除去传送器、接收器之外，关键环节是渠道。传播过程中可能会受到其他讯息、噪音等因素的干扰。"香农－韦弗"模式力图展现的是单向度传播的全过程，但在直观形式上看，山西抗日根据地的教育传播是人际间的直接传播。从传播模式的角度看，关键在于"渠道"，即以什么样的方式使信息从源头抵达目的地。抗日战争期间，山西各根据地的物质极为匮乏，条件十分艰苦。在这样的条件下，根据地军民创造性地发明了一系行之有效的方式，达到了出乎意料的传播效果。

一、即学即教的"小先生制"

以即学即教为主旨的"小先生制"是著名教育家陶行知先生提出的一种教育方式。1934 年 10 月，陶行知在南京大学发表《谈普及教育》的讲话，大力倡导"小先生制"，认为用这一方式可以在一两年的时间内普及教育。到日军开始入侵华北、全面侵华战争即将爆发之际，陶行知先生更是进一步倡导推广"小先生制"，提出要将识字教育、政治教育和仪式教育统一，发挥教育的抗战动员功能。

山西抗日根据地创建后，在教育传播过程中推广发展了"小先生制"，取得了良好的效果，这也成为抗日根据地教育传播中最引人注目的一种模式。如果说陶行知先生最初倡导"小先生制"，主要目的仍在于克服师资力量不足、推动教育普及的话，在山西抗日根据地的实践中，"小先生制"已远远超越了其最初的内涵。抗日根据地开展的社会教育发扬了群众路线的优良传统，可以说人人是教师，人人是学生。广泛开展了父教子、子教母、夫教妻、小学生教大人和群众自教等方法。

"小先生制"在推动学校教育发展的过程中发挥了重要作用。众所周知，山西各抗日根据地创建后，教育发展面临的最直接的问题就是文化基础薄弱，师资力量不足。在根据地小学中推广"小先生制"、通过小先生扩大教育传播效果就成为一种有效的选择。根据地小学的"小先生制"有多种形式。有的选取班内成绩优良的学生担任小先生，负责向成绩较差的学生传授知识；有的则是班内同学轮流担任小先生，负责向知识掌握不够完善的同学传授知识；还有的则由高年级同学担任小先生，负责向低年级同学传授知识。这样，结合各地实际情况，选择推广"小先生制"的恰当方式，切实有效地解决了师资力量不足的问题。《晋绥日报》就曾刊载了宣传偏关完小推广"小先生制"的成效："吕厚望同学负责帮助张英同学学习，带领她在两个月内学会整数九则。"① 在太岳根据地，开创了"导生制"的教学模式，即从同年级或高年级中选择优秀的学生为"小先生"，在教师不在时，维持课堂秩序，检查学生作业，解答学生难题。

"小先生制"还在社会教育中得到了普遍推广。根据地冬学运动开始后，各小学同时肩负了指导所在地冬学运动的任务，很多小学的师生走出校门，进入农家村户，负责教农民识字。孩子教大人一时间成为一种风尚。在晋察冀根据地还制定了"小先生制"的实施办法。"尤其是在抗战时期，为了增加教育的功能以适应目前抗战形势，'小先生制'的教育，是各学校待执行的。'小先生制'是要小学学生教育一般民众的教育方法，由小学生创办传习处，在任何场所——树林下、茶馆旁、房檐下，都可以作为实施教育的场所，使不能得到教育的大众都可以得到教育。"② 小先生在社会教育中的另外一种运用就是"会的教不会的"，"我们的口号是，'会的去教人'，'不会的跟人学'，小先生、大先生、流动教学，我们都普遍采用"③。在这里，小先生已经不是严格意义上的小孩子了。成年人中，识字多的就可以去教识字少的，小先生很多时候也是大先生。

"小先生制"在干部教育中也有一定的推广运用。当时革命干部队伍的文化水平相对较低，尤其是基层干部。党中央高度重视干部教育，时刻不忘组织干部教育培训。同时，更注重干部的在职教育。1940 年 1 月，中央书记处发布了《关于干部学习的指示》，1942 年 2 月，中共中央发布了《关于在职干部教育的决定》。这一系列文件的发布，直接推动了山西各抗日根据地干部在职教育的发展，掀起了干部学习的高潮。干部在职教育主要是在各级党组织的领导下以干部自学为主。这样特定的学习方式

---

① 李醒悟，李培渊 . 偏关城关"小先生"教学新方式 [N]. 晋绥日报 ,1945-06-25.

② 王谦 . 晋察冀边区教育资料选编（教育方针政策分册）[M]. 石家庄：河北教育出版社 ,1990:30.

③ 中央教育科学研究所 . 老解放区教育资料：抗日战争时期 [M]. 北京：教育科学出版社, 1986:16.

也使得"小先生制"有了广阔的运用空间。党的各级干部中，懂的教不懂的、同志们之间相互学习成为一种普遍现象。

二、干啥学啥的实践性教育传播

山西抗日根据地的教育传播，坚定地贯彻了新民主主义教育方针，突出了教育与实践相结合的原则。在教育传播的具体实践中，秉承了干啥学啥的做法，始终将教育传播扎根于生产劳动中，扎根于现实生活中，无论是文化知识的传播还是思想政治教育，始终紧密结合实际。这是新民主主义教育的伟大创新，这样的创新有效扩大了教育传播的效果。

干啥学啥直接运用于社会教育过程中。根据地的冬学运动中帮助民众脱盲识字，一般都与现实生活紧密相关。采取"干什么学什么，学什么做什么"的形式。例如，组织妇女进入纺织组，一边开展纺织生产，以保障军需供应，一边教她们学习"绵花"、"线"等字，边生产边学习。组织农民磨豆腐，就教他们从认识"豆""斤""两"等字开始。遇到农民需要签订契约，就引导他们从学会写名字开始。这样，学习与现实生活紧密相关，极大地调动了普通农民的学习兴趣，也很快提高了他们的知识文化水平。"某52岁的女党员，过去一字不识，现在识500多字，过年时能自己写对联；某女同志学会500字。"[①]在晋西北抗日根据地，著名农业劳模温象栓担任村干部，他识字不多，读报困难，就组织了三个人组成的读报小组，由温国枝读报，他和温国旺边听边认字。别人前来向他们学习，也由他们两个口述，由温国枝写出来。这样，三个人从一个变工小组发展为一个学习小组，既推动了生产，也提高了文化，一举两得。

干啥学啥不仅体现在扫盲识字过程中，还融合到政治动员和抗战教育中。1942年，日军对晋察冀根据地发动了大"扫荡"，面对严峻的形势，根据地政府组织编写了《坚壁清野》《送情报》等课文，将这些内容运用到社会教育中，一方面帮助民众学习识字，另一方面进行抗战教育，教会

---

① 河北省国家档案馆藏 . 关于边区冬学运动总结1939—1940（中共晋察冀边区党委）[B]. 卷宗号：578-1-91-4.

民众与敌寇斗争的技巧和方法。这种类型的教育传播在山西各抗日根据地随处可见。各抗日根据地人民一开始思想混乱，精神颓废，后来不断提升思想觉悟，形成了抗日军民大团结的局面，很大程度上得益于以抗击日军为主旨的教育传播。

干啥学啥的实践性教育传播在学校教育中也得到了全面推广。一般认为，学生以学习基础文化知识为主，但在山西抗日根据地的学校教育中，关于对敌斗争的手段与方式的教育同样是重要的内容之一。在晋察冀边区的小学中，设置了防空、防毒、防伞兵常识等内容的教育。战争来临时，"小学举行隆重的战时停课典礼，进行庄严宣誓，如誓死打鬼子、帮助军队、不漏消息、战后即来上课"①等等。这样的教育有效地增强了根据地军民对敌斗争的能力和技巧。郑贵银讲述了这样的故事："敌人看我很小，拿出日本糖，还端来半筐子炒羊肉叫我吃。我一想起老师跟我们说的不吃敌人糖，不吃汉奸饭，肚里饿得咕咕叫，但一点儿也没吃。敌人说：'小孩别怕，你告诉我们，往神仙山怎样走？'我说：'哎呀，我这么小，来这个村还是第一次，不知道怎么走。'敌人又问：'八路军哪里有，八路粮食、物资哪里存着？'我说：'闹不清。'"②正是这样的教育传播帮助根据地儿童掌握了对敌斗争的方法和技巧。

小学教材中还大量增加了以生产劳动为主题的内容。"如1945年晋察冀边区政府所编写的小学国语课本，有关劳动观点、生产知识的内容就占到全部课程的37%。同年，晋冀鲁豫边区出版的初级小学国语、常识合编的新课本，在316课中有关劳动观点、生产知识的就有121课，占到全部课程的38%。"③晋冀鲁豫边区政府主编的初级小学国语、常识合编教材中，有《拾粪》《打柴》《要学什么人》《庄稼汉和他的儿子》等课文，主要传播生产劳动光荣的理念。《种子发芽试验》《温床育苗》《种棉》《种菜》《接木》等，则主要传播农、林生产劳动技术。教育与生产劳动相结合，

---

① 刘淑珍. 晋西北抗日根据地教育简史 [M]. 成都：四川教育出版社,2000:69.

② 王谦. 晋察冀边区教育资料选编（回忆录分册）[M]. 石家庄：河北教育出版社,1990:162.

③ 王谦. 晋察冀边区教育资料选编（回忆录分册）[M]. 石家庄：河北教育出版社,1990:75.

这是马克思主义教育思想的直接体现，也是当时特定历史条件下新民主主义的抗战教育的突出特色之一。

抗日根据地的学校教育中，还推广学生自治模式，并将此视作与资产阶级学校的本质区别之一。"学生自治是一种社会政治教育的有用的工具，是实施民主教育的一个中心环节，实行学生自治与发扬民主精神是密切地联系着的，我们可以通过学生自治的形式来实行民主教育。"[①]通过实施学生自治，培养学生的民主精神和公民意识，这也是干啥学啥原则的具体体现。

干部教育同样也体现了干啥学啥的原则。这主要体现在抗日根据地各级党组织和政府对于干部业务教育的重视。1940年至1941年，晋察冀根据地在对干部在职教育工作的安排部署中列出了四个方面的学习内容。其中，第三类内容是政策法令类，主要学习基本政策、各项法令和条例等。第四类内容是工作经验，包括工作开展的方式、作风、技巧等。两类知识均与根据地干部的实际工作有着紧密的联系，其中既涉及政策方针，也涉及具体的工作方法与技巧。干部教育中，同样将业务教育作为重中之重。"在干部的本职学习上，必须把全体干部划分为军事、行政、教育干部，政治教育与政治工作干部，卫生干部。然后再分别规定各类干部之研究材料与进度（供给管理干部的本职学习内容，按其本身的需要选择军事或政治课程）。"[②]

三、寓教于乐的文艺类教育传播

山西抗日根据地的教育传播从一开始就秉持了新民主主义教育方针，摒弃以往那种片面侧重文化知识教育的模式，着力发展德、智、体、美、劳全面发展的教育。各根据地创建的小学中，在课程设置上有目的地开设音乐、美术等课程。在社会教育和干部教育中也特别重视文艺活动，

---

① 王谦. 晋察冀边区教育资料选编（教育方针政策分册）[M]. 石家庄：河北教育出版社，1990:248.

② 王用斌等. 晋察冀边区教育资料选编（续集）[M]. 北京：北京师范大学出版社，1991:76.

并将文艺活动作为重要的教育传播机制，做到真正的寓教于乐。寓教于乐的教育比较突出地体现在社会教育传播中。随着广大民众学习兴致的迅速提高，山西各抗日根据地将各种各类的文艺活动作为宣传教育的重要手段和机制。

农村剧团是最常见的教育形式之一。山西各抗日根据地政权得到初步巩固后就开始建立农村剧团。剧团贯彻为群众服务、为抗战服务的方针，根据真实发生的事件进行文艺创作，由群众自编自演，运用群众的语言加以传播。如在太行抗日根据地，晋城县府城村剧团自编自演了《穷人难》。歌词中有这样的句子："穷人难，难上难，欠了阎王要命钱，天天鬼来缠。春耕忙，秋收忙，打下几斗粮，地主搜刮光。盼星星、盼月亮，盼来救星共产党，穷人得解放。租也减，息也减，剧团再把翻身唱，齐把万岁喊！"在晋察冀，灵丘县的一个农村剧团将本县民兵英雄姬继海的事迹改编成了《姬继海拔工组》剧目。"1945年春节期间……原平、静乐的妇女踊跃参加秧哥队、旱船、演戏等。她们自编、自演、自唱，丰富了群众的文化生活，对广大妇女的进步起了积极影响和教育作用。"[①]演出频率最高的戏剧是《母亲》《兄妹开荒》《英雄刘老汉》等知名的抗日剧目。

在晋绥边区，兴县胡家沟秧歌队自编的《刘铁牛的转变》、临县剧社自编的《回心转意》等对宣传倡导新生活新文化、批判封建落后思想发挥了十分明显的教育效果。

广泛开展的歌咏活动也是寓教于乐的重要形式之一。"村村有歌手，处处有歌声"，这是抗日根据地教育的显著特点之一。歌咏活动渗透到各种各类教育中。在学校，学生要学唱抗日歌曲，经常开展歌咏比赛。在军队和干部学校更是经常性地开展歌咏活动，唱革命歌曲，激发革命斗志。根据地政府还经常组织普通民众开展歌咏活动，宣传抗日精神。

---

① 司徒斯丽.新民主主义下的妇女教育[N].晋察冀日报,1944-02-13.

四、因地制宜的灵活式教育传播

抗战期间，山西各抗日根据地条件异常艰苦，教育传播事业缺乏充足的物质基础和保障。但是，困难的现实条件并没有消磨根据地军民的意志，反而激发了他们的创造性。他们立足于根据地现实，结合对敌斗争的现实条件，因地制宜，灵活多样，开创了很多独特的教育传播模式。富有代表性的模式有流动学习、随机学习、伪装学习等。

流动学习是最常见的情况。抗日根据地虽然相继建立起规范的学校，但经常遭到敌寇的"扫荡"或袭扰，很多地区，尤其是靠近敌占区的学校，几乎难有稳定的教育条件。为此，很多学校被迫在流动中进行教育传播。设立于各村的小学一般都根据敌情随机应变。敌人进攻时，学校就停课放假，孩子们回到家中，与父母一起躲避敌人的袭扰。敌人被击退了，小学生再回到学校参加学习。各地结合农业生产的特点，还给小学生放春假、秋假，以使学生帮助父母参加春种和秋收。

各类中学则主要采取流动学习的方式。在晋绥抗日根据地，先后兴办的中学有晋西北师范学校、晋西北新民主主义教育实验学校、八分区永田中学、晋西北第一中学、晋西北民族革命中学、晋西北第二中学、晋西北第四中学、晋绥第二中学等。这些中学长期处于转移行动中，学校被迫在流动中开展教育活动。以八分区永田中学为例，学校创办后不久就因敌寇侵扰转移到交城的大山中办学，期间多次因敌情转移驻地。在太岳区，太岳中学是创办最早、规模最大、影响最广的一所中学。1940年到1945年，除了经受六次日军大"扫荡"外，还有无数次的袭扰。为了克服这些困难，学校将人员以队为单位进行编制，方便随时转移和撤离。为完成教学任务，还实施了学分制，"依据课程的不同情况，规定了各门功课的学分，比如国语全年16学分，数学14学分，政治8学分，史地各8学分，理化各8学分，军事常识2学分"[①]。通过学分制，学校可以采取更为灵活的方式完成教学。据灵丘县党史办同志的回忆，学校的师生"为了防止

---

① 李田定. 太岳革命根据地教育简史 [M]. 太原：山西经济出版社，2002:181.

敌人的突然袭击，学校经常变换地点。师生们平常就养成了一种战斗化、军事化的生活习惯，保持高度的敌情观念。学校统一给每个学生发一条装 6 斤米的布袋，部分学生还配备两颗手榴弹，每天坚持站岗放哨"[1]。

随机学习也是山西抗日根据地教育传播的有效形式之一，最突出地体现在社会教育中。为帮助民众识字，在各村村口的岗棚前挂一个小黑板，每天更换一个字，由负责站岗的儿童团员教村民认字。村民们路过的时候，随口一问，便能认识一个字。在各村的中心位置办黑板报，书写各种宣传文字，村民们茶余饭后聚集在一起，一边看黑板报，一边学习识字。冬学运动期间，很多地方还开展见物识字的活动。如在墙上贴个"墙"字，在磨盘上贴上"推磨要推细"的字条。这种方式既方便了民众学习，也提高了传播效果。随机学习在干部教育和学校教育中也得到广泛运用。抗战期间，党中央或各根据地的主要领导经常赴各个干部培训班或者学校讲课，很多时候都不能提前安排，只能随机进行。比如，1940 年 7、8 月间，晋绥根据地取得了粉碎敌寇"扫荡"的胜利，八分区在交城县东坡底村召开了祝捷大会。党委书记饶斌、专员康世恩等分区领导出席会议并发表讲话。永田八中的学员们就出席了这次会议，把听领导讲话作为学习内容，同时也当作本届干部班的毕业典礼。这样的学习几乎随时可以进行。随机学习成为抗日根据地教育传播的一种常见方式。

伪装学习更是抗日根据地教育传播中的一项杰出创造。这样的传播机制主要运用于敌占区或游击区的教育中。日军进犯山西后，敌伪政权竭力实施奴化教育，封锁压制抗日教育。为了打击敌伪的反动教育，各抗日根据地也积极在敌占区、游击区发展抗日教育。为了骗过敌伪，敌占区的教育工作者开创了多种巧妙的方法蒙骗敌伪，在艰难危险的环境中发展抗日教育。1945 年 7 月的《太岳政报》第四期发表了《敌占区的教育》一文，讲述了一位地下党员教师的故事。他带领学生把抗日课本拆散了夹在伪课本内，从外表看是敌伪教材，实际上是抗日教材。1939 年，晋察冀边委

---

① 李田定 . 太岳革命根据地教育简史 [M]. 太原：山西经济出版社 ,2002:181.

会制定颁发了《敌区教育实施计划纲要》，其中提出一些具体的工作方案。比如，在敌占区取消学校形式，划为小组，分别施教，实行机动教学，教学过程中也要提高警惕，以防不测。不得已时，也可以利用敌伪强迫成立的学校为掩护（如新民学校），暗中进行抗战建国的教育。[①]整个抗日战争期间，有很多共产党员、爱国知识分子在敌占区开展抗日教育，他们在极其艰难的条件下千方百计做好伪装，骗过敌特检查，致力于抗战的教育传播，有很多人甚至献出了宝贵的生命。从传播的角度看，他们的这些创造是堪称完美的教育传播方式。

太行区根据地实行减租减息后，群众生活得到一定的改善，普遍要求送子女上学。可是根据地的财力有限，只能在人口较多的村庄里办公立小学，小村庄的儿童的入学问题就得靠民办小学来解决。后来政府的财政情况有了好转，又把民办小学接收过来改为公办。可是要求上学的儿童越来越多，所办学校仍然满足不了群众的要求，群众又陆续自办了一批小学。在这些小学中，教学组织形式是多种多样的。条件好的学校办整日班；师资缺乏或者儿童需要参加家务劳动的，办半日一部制班或隔日二部制班。这些班根据学校具体条件或采用单式教学，或采用二部复式教学，甚至四部复式教学。

有些农民家中缺少劳力，孩子需要整日参加劳作。为了照顾这些孩子，学校还开办了早读班、午读班、夜读班，千方百计让这部分儿童参加学习，此外，还有小姐姐们抱着弟弟妹妹来边玩耍边学习的"抱娃娃组"，以及让放牛、打柴的孩子们边劳动边学习的放牛组、打柴组等。这些组大都由学习较好的儿童担任"小先生"，并由老师定期进行检查和辅导。当时有些五六岁的小娃娃也闹着要跟哥哥姐姐们上学，学校为此还组织过娃娃班，由老师和年龄大些的学生教他们识字。

为了满足成人学习的要求，有些学校还开办了青年补习班和妇女补习班。这些人学习进度很快，一年就能赶到三四年级的程度。有些青年

---

① 王谦. 晋察冀边区教育资料选编（教育方针政策分册）[M]. 石家庄：河北教育出版社，1990：52.

人离不开生产，学校就开办青年午学班，让他们利用中午休息的时间进行学习。青年妇女们还可以参加边劳动边学习的妇女工读班。有的县、区政府还专门为她们举办过妇女训练班，让她们学习政治和文化。

有些偏僻的小山庄，大的不过二十来户，小的只有三五户人家，庄与庄的距离，近的三五里，远的几十里。在二十多户的山庄，大都办有一揽子学校，由一个教师或者半个教师（即半教半农）白天教儿童，夜间教成人，有的还负责写黑板报、办广播、排戏，以及帮助干部处理文件。至于三五户的小山庄就用巡回教学的办法，即一个教师负责三五个山庄，一处教一天或半天，轮流教学。教师离开时，由年龄大的学生做"导生"，帮助老师做辅导工作。学生有大有小，程度又不一样，每个小村庄几乎都有初小四个年级，教师几乎是一个一个地进行教学，而且不少时间还得用在走路上。实践证明，这样教出来的学生成绩并不差。原因是这些教师有许多是复员军人、荣退军人，不少人还缺臂少腿，但他们有高度的革命事业心和强烈的责任感，所以赢得了群众的爱戴和尊敬。

中等学校也有多种形式，有普通中学，有干部中学。在普通中学中，又有各式各样的班次，那时每一个专区至少有一所中学，这个专区培养干部的任务大部分由这所中学承担。专区需要什么人才中学就开什么班，为了输送干部，往往把未毕业的学生成批地抽调出去。这种情况到后期才有所改变。

社会教育更是灵活多样，有冬学、小冬学。在土改时，还有专为佃户办的佃户小冬学。那时冬学是以学政治时事为主，同时进行识字教育。[①]

五、振奋精神的革命乐观主义教育传播

山西各抗日根据地的教育是在条件极为艰苦的情况下发展起来的。物资奇缺，经常遭到敌伪袭扰，但教育传播始终贯穿着革命乐观主义精神。

---

① 王谦. 晋察冀边区教育资料选编（教育方针政策分册）[M]. 石家庄：河北教育出版社,1990:52.

正是这样的教育振奋了根据地军民的精神，使他们焕发出革命的激情，成为支撑抗日战争的重要力量。

晋察冀根据地的县联高是共产党八路军领导的抗日学校。据贾烈卿等老同志回忆："在敌人的骚扰下，办学没有固定的课堂，不是转移，就是搬迁。敌人来了，他们把山沟、坟堆做课堂，教师肩上挂着一个小黑板，学生以膝盖当课桌，石片当石板，把旧书翻过来做作业。"[①]就是在这样的条件下，他们仍然坚持教学，扩大教育传播，体现出的革命乐观主义精神给人们以极大的激励。抗日根据地的学校不仅传播抗日理论，也传播抗日精神。几乎所有的学校都建起了歌咏队，小学生学唱革命歌曲，并向全社会传播。《大刀进行曲》《生产大合唱》《游击队之歌》等都成为当时在各抗日根据地流行的歌曲。这种革命乐观主义精神的广泛传播孕育出了巨大的精神力量。

---

① 王谦.晋察冀边区教育资料选编（回忆录分册）[M].石家庄：河北教育出版社,1990:132.

第六章 山西抗日根据地教育传播的媒介

传播媒介，顾名思义，就是指传播活动中承载传播信息的载体。狭义的传播媒介单指信息传播的承载物，如电话、电报、媒体、网络等。广义的传播媒介包括了从事传播活动的机构、个人、手段、工具等。教育是一种特殊形式的传播，其本质特征不在于信息在平行的主体间传送，而是在垂直的主体关系中，从较高的主体向较低的主体流动，因此才能发挥教化、引导的作用。正是基于教育传播的这一独特性，教育传播的媒介不能简单地理解为信息的承载物，而应该是广义上的传播媒介。

山西抗日根据地教育传播的媒介主要包括三种类型：机构、教师、教材，另外，还包括一些其他类型的媒介。

第一节 传播机构

山西抗日根据地的教育传播是在各边区政府教育行政部门的领导组织下建设发展起来的。但从传播的角度看，教育行政部门在教育传播活动中主要负责制定政策，并推动落实，而不参与具体的传播活动，因此在此不予专门介绍。本节中所指的传播机构主要是各级各类学校及其他传播机构。

一、民族抗日小学

山西抗日根据地的小学一般称为民族抗日小学。本书前文中已对抗日根据地恢复学校教育的历程进行了较为系统的回顾，这里不再赘述。应该说，恢复小学教育是抗日根据地教育传播发展的第一步，构成了教育传播进一步发展的坚实基础。这里，主要从传播机构的角度介绍抗战小学的基本类型和在教育传播过程中发挥的作用。抗日根据地的民族小学一般包括普通小学、中心小学、高级小学（完小）等类型。

1. 普通小学

大多是以自然村为单位设置的小学。山西的抗日根据地大多位于山区，人口相对稀少，村庄规模也不大。一般而言，在四五十户的村庄中，根据地政府就组织设置一所普通小学，普通小学一般配备一名教师，负责教授本村儿童。这类学校条件极为艰苦，主要任务是组织本村适龄儿童进入学校学习。晋察冀根据地老教育工作者卢学礼在回忆录中讲述了他一开始到小学工作时的情景："这个学校只有一间破房，有一条炕，一个锅，一个水缸，还有几张破败不堪、东倒西歪的桌子。"① 与普通小学相对应，很多地区还办起"巡回学校"，即在一些山庄小村，若干个邻近的村庄联合办一所小学，教师在各个村庄间巡回教学。巡回学校受到了民众的广泛欢迎，提高了适龄儿童的入学率。

2. 中心小学

一般指根据地政府在人口较多的集镇或者拥有多名教师的规模较大的学校设置的小学。中心小学一般配置小学校长。中心小学不仅需要组织实施本校的教学，而且要发挥示范指导作用，指导周围的小学开展工作，并与周边小学一起组成中心学区。

与中心小学相类似的还有联村小学。即几个邻近的乡村联合办一所小学，校址选择在较适中的村庄或是较大的村庄，其他村庄的学生走读，早晚由家长接送，中午自带干粮。

3. 高级小学（完小）

抗日战争期间，各根据地小学教育普遍采取"四二制"学制，即四

---

① 王谦 . 晋察冀边区教育资料选编（回忆录分册）[M]. 石家庄：河北教育出版社 ,1990:9.

年初级，二年高级。高级小学是指完成四年初级学习之后进入更高级小学教育阶段的学校。如果一所学校既有基础的四年小学，又有高级的二年小学，即称之为完全小学，简称"完小"。高级小学是比中心小学更高级的教学机构。抗日根据地各县一般以区为单位设置一所高级小学或者"完小"。

高级小学根据情况还组织"高小初习班"。将一些学习基础较差的学生单独组织起来复习初小知识，经考试合格后再编入正式班级。

在当时，小学教育承担着重要的任务。1941 年，晋冀鲁豫边区政府颁布了《强迫儿童入学暂行办法》，文件中明确规定根据教育事业发展现状，暂定小学前四年为义务教育实施期，小学为适应各地情况需要实行二部教育，小学内附设半日班、间日班、午校、夜校等，学龄儿童有不能全日入校者分别参加之。要求凡六周岁至十二周岁之学龄儿童，除因特殊情形经当地主管教育机关之特许外，概须强迫入学，十三岁至十五岁之失学儿童亦应强迫入学。各村学龄儿童应于每届开学前一月内由各村小学教师协同教育委员会详细调查登记，在调查中并应深入动员，说明儿童应当入学之理由利益以资说服。[①]此外，1942 年晋冀鲁豫边区政府颁发的《小学暂行规定》富有代表性地体现了当时小学教育的目标与任务。"小学为实施国民义务教育之场所，依据边区施政纲领第十项规定的教育方针，以促进儿童民族觉悟，养成民主作风，适应儿童的身心发展，培养儿童生活必需之知识为目标。"[②]

1943 年以后，随着抗日根据地的恢复和扩大，全边区小学教育走上了新的发展道路。通过贯彻落实边区第二次教育会议和各文教会议的精神，小学教育在数量和质量上都取得了巨大的进步。在晋西北地区，据不完全统计，1944 年 8 月，共有小学校 676 所，其中完全小学 27 所，初级小学 568 所，中心小学校 38 所，民办小学 43 所。与此同时，儿童的入

① 山西大学晋冀鲁豫边区史研究组 . 晋冀鲁豫边区史料选编第一辑 [M]. 太原：山西大学，1980：81.
② 李田定 . 太岳革命根据地教育简史 [M]. 太原：山西经济出版社，2002：194.

学率也不断提高。1944 年，据临县、临（南）县、离石、阳曲等 4 个县统计，共有学龄儿童 16069 人，其中入学者有 11433 人。通过修建校舍，号召教师归队从教，太岳区的小学教育也得到了长足发展，到 1945 年 3 月，全区初级小学共有 2351 所，拥有学生 92098 人，高级小学 48 所，共有学生 4472 人。到 1945 年，太行区的小学达到 2530 所，入学儿童增加到 125556 人，与 1942 年相比，学校数量和儿童入学人数分别增长 105% 和 137%。

各根据地小学在学制和课程安排上略有差异，在抗日战争的不同阶段也有所变化，但整体上差别不是很大。一般而言，小学开设五类课程，一是国语，这是最主要的课程，到高级小学毕业，要完成 950 课时的学习。二是算术，小学六年共完成 850 课时的学习。三是常识，包括社会、自然、卫生等内容，分别完成 750、600、550 课时的学习。四是唱游类课程，包括体育和唱歌，分别完成 300、350 课时的学习。五是劳作，包括美术和劳动，分别完成 250、350 课时的学习。

二、民族抗日中学

山西各抗日根据地在获得初步稳定、小学教学基本恢复的基础上，迅速开启了中学建设。当时根据地的中学既肩负着国民教育的任务，也承担着干部培养的使命，旨在引导青年知识分子投身抗日。晋察冀边区 1939 年颁发的《民族革命中学暂行办法》中，对创办中学的宗旨做出了明确规定："民族革命中学的宗旨：以救济失学青年、提高文化政治水准、训练地方工作人员、培植民族革命的基本干部、充实抗战建国的力量为宗旨。"[①] 在山西各抗日根据地，当时的中学以分区为单位兴办，一般一个分区办一所中学。抗战期间，晋察冀、晋冀豫及晋绥根据地均办起了多所中学。

基于办学宗旨和职能，中学经常与干部培训班、师范班等合办。整

---

① 王谦 . 晋察冀边区教育资料选编（教育方针政策分册）[M]. 石家庄：河北教育出版社,1990:38.

体来看，在抗日战争期间，有组织的师资培养相对较少，只是在抗战结束前夕根据地基本稳定的情况下才相继发展起师范教育。

抗日根据地的中学一般都直接隶属于分区政府领导，组织机构也都比较健全。学校设校长1名，通常情况下由该分区专员公署的专员担任，也有一些委任的专职校长。校长下设教务主任1名，另设事务员、文书员若干名，负责学校的日常管理，并有固定教师若干名负责授课。

受当时条件的限制，各根据地中学的学制并不完全统一，在抗日战争的不同阶段也有所变化。在敌寇的袭扰破坏下，有些中学也无法持续办学。大多数情况下，中学学制一般为2年。

中学的课程设置主要包括四种类型。第一类为基础学科，讲授国文、算学、历史、地理、自然等文化知识。第二类为政治学科，讲授抗战建国纲领、统一战线政策、政治常识、社会科学概论等。第三类为军事学科，结合抗战对敌斗争需要，讲授基本操练、行军、射击、游击战术等。第四类为文艺学科，教唱抗日歌曲，学习大众文艺和写作技巧等。

李华在《回忆太行中学与太行联中》一文中详细记述了当时太行中学的课程设置：政治教育是学校工作的重点，也是培训干部的基础。学校设政治课，主要讲授马列主义的基本理论、毛主席著作、党的方针政策等。尤其注重前途教育（即中国革命前途、共产主义前途）。柳思林同志是政治课教师。政治课以外，还随时结合当时的形势任务进行学习讨论。由于有比较深入的思想政治工作，所以学校成为坚强的战斗集体。

文化课主要是汉语、数学、史地（以历史为主），曾经一度决定学点理化常识、基础英语，但由于战争环境未能实现。军事课既对学员讲授军事知识，也做一些射击投弹等练习。事实上，实际战争的锻炼就是军训的大课堂。每次反"扫荡"，学校虽然没有作战任务，但反"扫荡"结束后学员们都要讨论总结。

学校也很注意文娱活动，有专职教师教音乐。学校还组织了剧团，在边区有重大集会时参加演出。

那时既无教室，更无课桌。学员每人一个马扎、一块木板，山沟里、树荫下都是很好的课堂。大课与小组讨论相结合，小组讨论又与小字报相结合。每到一地驻定时，小字报便琳琅满目，歌声响彻山野，呈现出一片生动活泼的景象。

三、高等学校

山西抗日根据地在开展小学教育、中学教育的同时，也同时开展了一定的高等教育。但受当时特定历史条件的限制，这些高等学校大多为"抗大"、鲁迅艺术学院、陕北公学等高等院校的分支机构，主要任务是培养抗日干部。

四、救亡室、识字班、夜校等

这一类教育传播机构一般承担着社会教育职能。抗日战争全面爆发初期，为教育和动员群众，根据地着手在各个村庄建立救亡室，向村民介绍抗战形势，讲授抗战政策。冬学运动兴起后，在救亡室的基础上又建立了农民夜校、识字班等机构，负责教授民众识字。起初主要是为了扫盲，后来由于战争形势的变化，教授的内容逐渐扩大到时事政治等方面。

识字教育也采取多种多样的形式。据武乡县 1947 年统计，全县共有 420 个青年补习班，参加学习的达 6207 人，有 3322 个女青年参加了学习，占参加学习人数的 50% 以上。黎城县北流村把黑板报和学文化结合起来，教大家写信、写稿、改稿等。干部学习组把时事教育和文化学习相结合，既进行时事教育，也提高了干部的文化水平。青年补习班通过互相写信和请教师改信等方法，把学和用紧密结合起来，从实际运用中提高群众的文化水平。黎城北流村的张玉兴、刘三春（女）、张变英（女）等青年，通过这样的学习提高了写作水平，当了县小报的通讯员。潞城等县的午读班、夜宿班，黎城的读报组，平顺等地的识字合作组等，都是群众很喜欢的学习方式。上述许多办法在太行区广大农村的普遍推广使不少农民摘掉了文盲的帽子，提高了文化。[①]

---

① 山西省地方志办公室 . 太行革命根据地史 [M]. 太原：山西人民出版社 ,2015:267.

五、干训班

干训班是各根据地党组织和政府主办的短期干部训练班。抗日根据地建立初期还没有确立起规范的干部教育，短期干训班就成为党培养和教育干部的主要形式。干训班有独特的特点。一般而言，参加培训的均为基层干部，从支部委员到普通党员，从青年到妇女，均安排到干训班学习。干训班的开办时间较短，一般只有三至五天，人员经过短期学习培训，迅速返回各自的工作岗位。干训班也没有固定的学制和时间，往往是利用生产劳动和战争间隙进行学习。干训班规模也不大，一般情况下召集 10 余名干部进行短期学习，既便于组织，也便于转移。这样的教育培训看起来简单粗略，但在抗日根据地建立初期有效解决了当时干部短缺、思想混乱等问题。

六、党校与干部学校

根据地建设初步稳定后，正规化的干部培训就提上了日程。1940 年2 月，中共中央发出了关于办理党校的指示，规定中央各分局办的党校负责培训中级干部，各省委办的党校负责培养区级干部，各县委、区委办的党校负责培养基层干部。根据这一指示精神，各根据地建立起了党校、干部培训学校等干部教育机构。此类干部教育机构在各根据地均有发展，组织方式和形式基本相同。在党校，各级干部主要学习三种类型的课程：一为党课，学习有关党的知识，了解中国共产党。二为政策类课程，主要学习不同时期党的抗日政策。三为文化与业务课程，利用干部在党校学习的机会，提升干部的文化与业务水平。兴办党校之后，干部培训教育趋于正规化。以太行抗日根据地榆社党校为例，1943—1944 年，前后举办三期培训班，完成了对 110 名根据地党员干部的培训。

第二节 教师

教师在教学活动中起主导作用，也是教育传播活动中十分重要的媒介之一。一方面，师资力量不足一直是山西抗日根据地推进教育事业发展过程中存在的重要制约因素，加强教师队伍建设也因之成为山西抗日根据地教育传播过程中的重点工作。另一方面，抗日根据地的教师不仅要具备能够胜任工作的文化知识水平，而且要支持抗日，拥护党的路线和政策主张。因此，根据地政府不仅要对教师进行甄别，而且要持续对其进行教育培训。

一、教师的来源

日军的入侵严重冲击了山西的教育事业。很多学校在战火中被破坏，学生流失，教师离职，乡村学校大部分停学，城镇学校也关闭或搬迁，整个教育事业遭到严重破坏。各抗日根据地创建后积极着手恢复小学教育，也开始征募各地知识分子担任教师。

初期的小学校教师也存在一系列问题，概括起来集中体现在三个方面：第一，这些教师中青年知识分子居多，但大多是本乡本土接受过一定教育的青年，乡土观念浓重，有些甚至只是迫于生计而充当"孩子王"。第二，他们有一定的抗日热情，但对中国共产党领导的八路军能否承担起抗击日军的重任没有充足的信心，还有部分教师受国民党宣传影响很深，思想保守，寄希望于国民党政权。第三，教师队伍整体上文化水平偏低。这一系列问题的存在明显无法适应实施新民主主义教育和推动抗日的需要。对此，根据地政府也采取了相应的措施，努力改变这一现状。

一方面，加强小学教师资格检定。根据地政府拟定相应的政策标准，详细规定了小学教师检定标准。如1938年10月，晋察冀边区政府就颁发了《小学教师检定办法》。其中明确规定，无论现任或原任教师，均需接受检定。检定分为无试验检定和试验检定两类。具有如下条件之一者受无试验检定：（1）师范大学或其他大学教育学系毕业者；（2）旧制完全师范及现制师范学校毕业者；（3）简易师范、乡村师范及师范讲习所毕业者；（4）高级中学毕业曾在教育界服务2年以上者；（5）初级中学毕业曾在教育界服务3年以上者；（6）曾受短期教师培训合格者。

具有以下资格之一者受试验检定：（1）初级中学毕业者；（2）高级小学毕业曾在教育界服务 3 年以上者；（3）在教育界服务 3 年以上确有成绩者；（4）曾参加救亡工作确有成绩者。同时规定，试验检定的科目以政治常识、国文、算术、口试为准，检定各科均以百分为满，60 分为及格。经检定未获得许可证者一律停用。①

另一方面，贯彻统一战线政策，引导改造旧知识分子从事教育工作。教师短缺问题在根据地创建之初就非常突出。以晋绥根据地为例，1941年统计显示，21 个县有 1789 所小学，教师只有 2163 人，绝大多数学校平均只有 1 名教师，少数学校能有两名教师。学生总人数 74959 名，师生比高达 1：35。最严重的文水县，1 名教师负责教 71 名学生。②面对这样的局面，各根据地依据中央指示精神，贯彻抗日民族统一战线政策，吸收和改造旧知识分子参与教育，担任教员，以解教师力量不足之急。以太岳根据地为例，抗日军民于 1943 年和 1947 年先后解放了浮山县城和曲沃县城，接管了浮山师范学校、长治中学。这些学校中的旧教师全部留用。

通过上述举措初步稳定小学教师队伍的同时，各抗日根据地开始着手建设中学。中学教师一般选择文化水平较高，尤其是接受过正规高等教育的知识分子担任。这些教师主要有两个来源：第一类，革命队伍中的知识分子干部。中学一般都由专区政府直接领导管理，有条件从革命队伍内部选择知识分子负责组织管理学校，同时也担任教师。同时，根据地各级领导也经常到中学讲课，成为中学的兼职教师。第二类，奔赴抗日根据地的全国各地知识青年在经过教育后有的成长为坚定的共产党员，有的也积极拥护党的政策，这些知识分子中有不少同志被组织分配委派到中学担任教师。

以大力推广冬学运动为标志，山西抗日根据地的社会教育蓬勃发展，成为抗日斗争的重要支柱之一。社会教育的教师一般有两类：一类是各

---

① 王谦．晋察冀边区教育资料选编（教育方针政策分册）[M]．石家庄：河北教育出版社，1990：10.
② 刘淑珍．晋西北抗日根据地教育简史 [M]．成都：四川教育出版社，2000：58.

学校的在职教师，按照要求，他们也承担着社会教育的职责。每年"冬学"和"春学"启动后，小学、中学教师同时负责所在乡村的社会教育。不仅如此，学校教师还组织学生充当"小先生"，深入到乡村中，负责教授村民识字。另一类则是根据地的党政军干部，按照要求，党政军各单位负有支持驻地社会教育的责任。每年"冬学"和"春学"启动后，党政军机关会选派相应的干部深入到驻地乡村负责组织指导学习。

二、教师的培训

针对教师队伍中存在的诸多问题，山西各抗日根据地政府十分重视教师的培训工作。通过对教师进行集中培训，端正其政治态度，提升其文化水平和业务能力，有效提高了教师队伍的整体素质。

在持续八年的时间里，各根据地一直在组织各种类型的教师培训。培训的主题各有不同，大体分为以下三类：

第一类是思想政治培训。集中从政治上引导教师提高对新政权的认识，强化抗战必胜的信心。如，晋绥抗日根据地在1940年2月就组织了第一次全区在职小学教员集中培训，培训时间长达半个月之久。同年，太岳抗日根据地在沁源县兴国寺等地先后开办了两期教育干部培训班，来自10多个县的400余名骨干教师参加了培训。晋察冀根据地早在1938年就颁布了《小学教师短期训练办法》。其中规定，参加受训人员须具有以下资格：（1）现任教师；（2）曾受中等以上学校教育者；（3）高小毕业曾在教育界服务一年以上，成绩优良者；（4）曾有关于教育著述者。受训时间一般为2—4周。受训科目中主要是政治类培训，包括抗战形势及我们的任务、统一战线、政治常识、民众教育、救亡歌曲等。①

第二类为教学方法培训。抗日根据地虽然条件极为艰苦，但也非常重视学校教师教学能力的培养。如，晋绥抗日根据地专门组织了教学理论和方法的集中培训班，重点学习研讨教学方法。培训结束后，还组织考试，

---

① 王谦.晋察冀边区教育资料选编（教育方针政策分册）[M].石家庄：河北教育出版社，1990：13.

有 876 名教师参加考试，不及格者达到 202 名。① 前述晋察冀根据地颁发
的《小学教师短期训练办法》中也明确将小学教学法列为必需的培训内容。
通过教学理论与方法的培训，推行"教导合一"的教育原则，变"死读书、
读死书"为"活读书、读活书"，教学理念也力求贴近实际，通过培训，
教师队伍的教学能力有了明显提升。

第三类为教育干部培训。加强教育干部培训、提升教师文化水平也
是教师培训中的重要内容。但受当时客观条件的限制，这一类型的培训
重心不在于全面提升教师的文化水平，而在于择优培训，为教育事业培
养骨干和干部。如，晋绥抗日根据地 1941 年从全区选择 50 名优秀教师送
往干部学院参加为期半年的培训学习。太岳区专门组织了包括教育科长、
督导员、中心小学校长等在内的教育干部培训班。这些经过培训的教师
或干部返回各县区后大都成为教学骨干或教育行政干部，为根据地教育
事业的发展发挥了重要作用。

三、教师的职责

抗日战争时期，战时状态下的教师也是抗日队伍的重要组成部分之
一。他们肩负着重要的责任，具体包括以下三个方面：

第一，知识教育职责。各级学校的教师首先承担着教学任务，需要
向学生传授科学文化知识。其中，最重要的是国语、算术、自然、社会
等各方面的知识。同时，还要向学生传授一定程度的军事知识和对敌斗
争技巧，这也是当时学校教育中的重要内容。

贺寿涛在《记成成中学师生游击队》中回忆道："学校党组决定成
立成中抗日义勇队，同学们踊跃报名……义勇队成立以后，队员一开始就
学装退子弹、射击瞄准要领和上卸刺刀、刺杀、投弹，并到野外搞军事演习，
包括班排进攻、放哨警戒、侦察搜索等军事课目。"

第二，政治动员职责。抗战时期的教育中政治教育是重中之重，也

---

① 刘淑珍.晋西北抗日根据地教育简史 [M]. 成都：四川教育出版社 .2000：59.

是当时党的教育方针中重点强调的内容。教师要向学生讲授抗战形势，明确抗战任务，坚定抗战信心，做好政治动员。与此相关，教师必须组织指导学生进行军事训练，学习掌握对敌斗争的本领。如晋察冀边区于1938年下发的《关于儿童团组织训练及活动纲要的指示》，要求以村为单位，设立儿童团团部。"为便于学校教育之上运用起见，各校视其需要得组织校团部，加强在校团员之活动。"①

毛鸿恩在《深切怀念惠泉老师》中这样写道："抗日战争时期，在民族危亡的严重关头，很多热血青年都投笔从戎，奔赴抗日前线，当时铭贤学校的学生积极参加游击队，到南山打游击。这主要和当时学校地下党组织的领导有关，但老师平时以强烈的爱国主义热情加强爱国教育，使同学们有良好的思想基础也是一个原因。"

第三，对敌斗争职责。抗战期间，各根据地不仅积极发展内部教育，而且一直努力在游击区和敌占区与敌伪争夺教育主导权。经由组织派遣到敌占区的教师大多为地下党员，他们以教师身份为掩护开展抗日教育，甚至直接从事地下活动，以各种方式开展对敌斗争。

第四，社会教育职责。抗战期间的学校教师同时承担着社会教育的职责。在社会教育过程中，负责教授所在村庄或乡镇的民众识字，讲解形势，宣传抗日政策。很多时候，教师就是所在乡村社会教育的直接组织者和实施者。

第五，社会服务职能。尽管根据地一直在大力发展社会教育，但整体上抗日根据地民众的文化水平一直比较低。教师承担着必需的社会服务职能。如帮助所在乡村民众书写信件、协助乡村政府书写告示、黑板报等，有时还帮助村干部出谋划策，或者直接参与乡村建设。

巩廓如在《太行根据地的文教工作》中这样写道："老根据地的教师，特别是乡村小学教师，是很受群众尊敬的，他们从日出到日落，不间断地进行工作，晚上小学生放学后还要接着教成人识字班，有时，还需要

---

① 刘淑珍．晋西北抗日根据地教育简史[M]．成都：四川教育出版社，2000：24．

帮村干部做些统计、写通知单等文字工作。同时带领学生写标语、唱歌，进行宣传工作，以及战争时对伤员进行慰问、看护伤员等，也都少不了教师。[①] 通过履行上述职责，抗日根据地的教师们在教育传播过程中扮演了十分重要的角色，他们所实施的思想传播帮助根据地军民看清了形势，坚定了信念，成为赢得抗日战争胜利的重要精神支柱。

第三节 教材

教材是教育传播活动最为重要的媒介。教材所承载的信息能够对受教育者产生最直接的影响。抗日根据地创建后，各级政府高度重视教材建设，努力摒弃旧教材，推广发行新民主主义教材，力求以革命进步思想武装根据地人民。从教材建设的角度看，主要经历了三个发展阶段：

一、抗战初期教材混乱

抗日根据地创建之初，各边区政府在努力恢复学校教育的过程中面临的一个困难就是缺乏教材。当时的根据地缺乏统一的教材，很多学校仍然在使用战前的课本。针对这一问题，根据地政府根据实际情况做了一些相应的调整。

针对以知识文化教育为主的课程，如国文、算术、自然等，基本上沿用战前教材，作为临时过渡措施。在课程设置上，删除一些旧的课程，增加一些政治常识及日本侵华史等内容的教育。与此同时，编印颁发一些临时性的读物，以宣传抗日救亡和党的统一战线政策。尽管做了这样的调整，但抗战初期根据地学校的教材使用还是相当混乱，各根据地情况不同，同一根据地内不同县区的情况也各有不同，更缺乏统一编订的教材。

二、规范整顿教材

抗日根据地相对稳定后，根据地政府随即着手开始教材建设，组织

---

① 中国人民政治协商会议山西省委员会文史资料研究委员会.山西文史资料第三十七辑 [J].1981,(01):116.

力量编订学校教材。通过编订教材，彻底摒弃了各种旧教材，将《三字经》《千字文》等无法适应抗战需要的旧教材排除在外，将敌伪奴化教育的教材彻底清除，规范教材使用，由此逐步建立起了适应抗战需要的教材体系。这些教材一般由以下三部分构成：

基础知识类教材。如国文、算术、自然等，一般由根据地的文化出版部门正式出版。其中，大量充实与抗日战争及党的政策相关的内容，使文化教育也能够发挥抗日动员的功能。如国文课程中，一般有将近 40% 的文章是与宣传抗战相关的。算术课程中，也将一部分计算题目与抗日战争的现实需要相联系。自然课程则侧重于祖国的自然地理，宣扬爱国主义。

政治类教材。一般选用当时党中央的路线方针政策方面的文献，以及党的领导人的讲话或文章，如《抗日救国十大纲领》《论持久战》《新民主主义论》等，有时也经常使用根据地革命报刊的社论、精选文章等作为教材。

自编教材。在规范整顿教材的过程中，各根据地也组织自编自选一些补充教材。这些教材往往联系日常生活，结合农事季节，贴近现实，具有浓郁的乡土味，同时充分融入抗日教育内容，发挥了特别重要的作用。如阳城县教师自编了《小三放牛》《过腊八》《大团结，把鬼子齐消灭》《站岗放哨查路条，汉奸鬼子过来走不了》等课文。[1]

三、巩固和完善教材建设

1940 年 3 月，中央发布了《中央宣传部关于各抗日根据地内小学教育的指示》，其中对学校的教材建设提出了一些基本原则，并明确小学教材由根据地各行署或专区教育处编辑审定。根据这一精神，1941 年之后，在抗日根据地教育行政部门的统一组织下，以前一阶段规范和稳定教材使用为基础，开始巩固和完善教材的使用。具体操作中，仍然延续前一阶段的指导思想和思路，编订发行并推广使用新民主主义教育的教材，

---

[1] 李田定. 太岳革命根据地教育简史 [M]. 太原：山西经济出版社，2002：199.

大量充实宣传抗战的教育内容，为根据地的抗日教育奠定了坚实的基础。以晋西北抗日根据地为例，1941 年，编出了小学的统一国语教材 1—8 册，初小常识教材 2—8 册，初小算术教材 1—7 册。[①]需要指出的是，尽管各抗日根据地高度重视教材建设，但受当时艰苦条件的限制，各类学校教材出版发行的数量都较少，无法充分满足需要。很多小学中好几位学生不得不共同使用一本教材。有些学校干脆没有教材，需要教师亲自刻版翻印，更多时候是由学生手抄。而且，教材发行基本上也是各自为政，一直到抗战胜利，各根据地都是各自使用自己的教材，没有发行统编统印的教材。

在推进社会教育的发展过程中，各根据地也出版发行了一部分适用于普通民众扫盲识字使用的教材，但相对比较零散，内容也不尽统一，数量也不多。

第四节　其他媒介

所谓其他媒介，是指在根据地的教育传播过程中简单易行、形式多样并经常使用的一些媒介。应当承认，抗战期间，根据地人民体现出了超强的创造性，他们能够利用一切可能的手段卓有成效地发展教育传播。这种精神也是中国人民能够战胜强敌、赢得抗日战争胜利的重要原因。这里介绍四种常见的教育传播媒介。

一、黑板报

黑板报是根据地教育传播中最常见的媒介之一，广泛运用于学校教育、社会教育和干部教育中。比较规范的各类学校与干校里一般都会出黑板报，定期更换内容。复杂的黑板报会包括多个板块和多方面的信息。简单的黑板报往往只有几句话，类似于标语。在冬学运动中，各乡村也会组织出黑板报，放在村中心或者交通要道，列出学习内容，方便群众学习。比较典型的就是偏关县八柳村在冬学运动中创办的黑板报，主要由学生投

---

① 刘淑珍 . 晋西北抗日根据地教育简史 [M]. 成都：四川教育出版社 ,2000:52.

稿，反映村里的工作。因受物质条件局限，很多地方并没有标准的黑板报，教育工作者们就因陋就简，把要传播的信息直接写在墙体、木板等载体上。

黑板报有几个比较突出的特点。一是内容更新快。黑板报可以承载各种信息，可繁可简，还可以根据需要随时更新内容，具有一定的时效性。二是制作相对简单。有几支粉笔、有块空白的地方就可以制出一块黑板报来。三是宣传效应明显，在学校或者村庄中心制出一块黑板报，所有的人都可以观看，信息传播很快。正是基于这些特征，在山西抗日根据地的教育传播中，黑板报发挥了十分重要的作用。"凡是有好的读报组和黑板报的地方，那里对政府政策法令和上级号召就容易贯彻，生产教育各项工作就容易开展。"①

二、顺口溜

顺口溜这样一个极具乡土味的文学形式曾是山西抗日根据地教育传播中重要的传播媒介。利用自编的顺口溜进行抗日宣传教育也是山西抗日根据地教育传播中的一大创造。抗战期间，可以视作传播媒介的文化艺术作品有很多种类，如话剧、歌曲，甚至乡土剧、民间秧歌等，顺口溜与这些作品有些类似，但远不如这些作品在形式上更为正式，在运用上更为专业。任何人都可以编写顺口溜，易于形成，数量众多。顺口溜使用起来还很方便，可以规范地编写印刷成文字，也可以仅仅是口头流传，最大特征是朗朗上口，易学易记，因而承载的信息传播起来也很便捷。顺口溜还有一个突出特点，就是具有浓郁的乡土气息，与各地的实际生活息息相关，即便是不识字的普通民众也能理解其中的意味。从传播的角度看，特别方便受众接受。正因为具有这些特点，顺口溜在山西抗日根据地的教育传播中发挥了非常重要的作用。无论是学校教育、社会教育，还是干部教育中，都曾创造了大量的顺口溜。例如，晋察冀边区编印的社会教育教材中就有这样的顺口溜："七十二行，庄稼为强；春耕夏锄，秋收冬藏；

---

① 关于发展群众读报办报与通讯工作的决议 [N]. 解放日报，1945-01-11.

农人流汗，地主坐享；封建社会，恶霸逞强。"①短短32个字，蕴含着浅显易懂的道理。既能宣传党的路线方针政策，又能帮助普通民众识字认字，传播效果非常明显。五台山是晋察冀抗日根据地的中心，当地史记部门收集整理了当年流传的顺口溜："八路进山村，冬学送上门；识字学文化，老粗把眼睁；政治开脑筋，救亡打日本；人人上冬学，眼亮心更明；过去穷山汉，成了文化人。"②

三、标语

标语也是抗日根据地教育传播中经常运用的传播媒介之一。校园内外、街头巷尾，到处都有宣传标语。宣传标语也有非常突出的特点。首先，标语语句简短，意味清晰，可以准确地表达意思。其次，标语书写方便，简洁明了，就地书写，易用易行。最后，标语简单直接，极具冲击力和感染力，容易影响受众。抗战期间，抗日军民走到哪里就将标语写到哪里。

大多情况下，标语主要承载政治宣传信息。在抗日根据地中，标语内容多种多样。有的是比较固定常见的，如"打倒日本帝国主义！""与日寇抗争到底！"等。有的则根据抗日斗争的需要，结合不同时期的工作重心，强调本阶段的工作任务。如"减租减息，团结抗日！""不做二流子！"等。还有的则是反对封建思想，倡导新文化，新风尚，如"恋爱自由，婚姻自由！""看病找医生，不要信神婆！"等。这些承载着不同信息的标语发挥了极为重要的教育功能，也是重要的传播媒介。

四、街头诗

诗歌创作是抗日根据地开展较早的文艺形式，并最终形成了群众性的创作热潮。以前诗歌的创作者主要是知识分子，但在抗日根据地，必须创作出深入农民和群众、耳熟能详且通俗易懂的诗歌。抗大文工团于1938年冬成立了诗歌团体铁流社，后与战地社在平山一带开展街头诗创

① 王谦 . 晋察冀边区教育资料选编（社会教育分册）[M]. 石家庄：河北教育出版社 ,1990:83.
② 忻州地区教育志编纂委员会 . 忻州地区教育志 [M]. 太原：山西人民出版社 ,2002:245.

作活动，并且很快掀起了街头诗创作的热潮。

街头诗也称墙头诗，以形式短小、文字精练为主要特征，同时兼具主题鲜明、战斗性强等特点，非常受广大人民群众的欢迎。1938 年 10 月在太行区和太岳区创刊的《文化哨》揭开了抗战诗歌创作的序幕，1939 年初，华北《新华日报》文艺副刊《新地》开辟街头诗专栏，从此，街头诗运动在太行山兴起，并且在抗大文工团的推动下迅速发展起来，不仅在报刊、杂志上发表大量的诗作，而且各地街头墙壁和大会会场都是街头诗展示的场所，除了专业诗歌工作者，广大工农兵和青少年也成为积极的参加者。《我们是无敌的游击队》《要打得日本强盗回东京》《北中国在燃烧》等都是脍炙人口的街头诗。

第七章 山西抗日根据地教育传播的效应与意义

传播效应，又称传播效果，一般而言，传播活动必然会对传播对象的思想、行为、情感等产生一定的影响，传播效应就是指这一类影响结果。在很大程度上，传播效应直接反映传播者传播目的的实现程度。教育传播不是一般意义上的传播，有着独特且固定的传播目的，其效应更多地体现在社会层面，因而又可以理解为传播的意义与价值。

以山西为中心的敌后各抗日根据地基本处于省与省交界的山区地带，文化非常落后，知识分子较少。而在广大农村地区，大部分群众都是文盲。随着抗日战争的爆发，特别是在抗日根据地的开创和发展时期，普及教育、提高广大农民群众的文化素养就成为各级党组织和抗日民主政府的一项重要任务。"我们的工作首先是战争，其次是生产，其次是文化。①事实证明，抗日根据地初创时期秩序混乱，人民群众精神颓废，一盘散沙，在抗日斗争过程中，根据地面貌日新月异，变得井然有序，士气高昂，团结一心，为赢得抗战胜利奠定了坚实的基础。所以能够发生这样的转变，教育传播是重要的原因之一。这样的传播效应也体现在多个方面。

第一节 推动社会变革

全面抗战爆发初期，中国社会，尤其是仍处于相对封闭落后地区的

---

① 张国祥．山西抗战史纲[M].太原：山西人民出版社，1992：358.

抗日根据地仍然是典型的中国传统社会。费正清曾有如下描述："从社会角度来看，村子里的中国人直到最近主要还是按家族制组织起来的，其次才组成同一地区的邻里社会。村子通常由一群家庭和家族单位(各个世系)组成，他们世代相传，永久居住在那里，靠耕种某些祖传土地为生。"① 这样的社会具有以下几方面鲜明的特征：

第一，阶级固化。人们长期生活在固定的环境中，社会财富分配相对稳定，形成了固定的阶级，地主或者富裕中农掌握领导权，控制把持着村庄的事务。普通民众从事小农生产，按照既有模式生活。

第二，生产能力低下。在当时的山西抗日根据地，普通民众主要从事小农生产，还不得不靠天吃饭，条件艰苦，生活贫困。普通民众几乎没有接触过现代化的生产方式，对外部世界的变化也鲜有所闻，生产能力非常低下。

第三，思想观念保守。特定的生产生活环境造就了保守落后的思想观念。人们普遍安于现状，不问世事，缺乏进行社会变革的意识和觉悟。面对敌寇的侵略，不仅不思抗击，反而"在瞻前顾后地观望形势，畏首畏尾，犹豫不决，表现着一副怯懦怕事的神情"②。

在抗日根据地建立之前，人民生活在水深火热中，多年来，军阀内战不断，各级政府横征暴敛，给人民带来深重的灾难，在晋东南地区，阎锡山政府增加的苛捐杂税高达三十多种，而且地主阶级同军阀、官府勾结，兼营高利贷和商业，对农民巧取豪夺，进行残酷的剥削。在晋东南地区几个土地比较分散的县区，地主、富农户占7%左右，所占土地高达20%以上，而在豫北安阳等地，户数占比不到10%的地主、富农却占据51%的土地。③

中国共产党领导的教育传播，与旧式教育有着本质的不同，着重于"明理第一，识字第二"，卓有成效地改变了抗日根据地的社会面貌。

① 费正清. 美国与中国[M]. 北京：世界知识出版社,2008：20.
② 彭真. 关于晋察冀边区党的工作和具体政策报告[M]. 中共中央党校出版社,1981：13.
③ 山西省地方志办公室. 太行革命根据地史[M]. 太原：山西人民出版社,2015：265.

一、培养出新的权力阶层

在以家族统治为主的旧社会中，地主或者士绅掌握着乡村权力。这些旧势力为了保护自己占有的财富，或者与其他恶势力勾结，或者屈从于日伪强权，鱼肉乡民，欺压百姓，为非作歹，无恶不作，竭力维系着旧有的社会秩序和制度。1946 年 6 月 20 日发行的《人民日报》记载了这样的故事，在晋城县天水岭村，有一伙当权的地主办起"同太会"，发放高利贷，大肆盘剥群众。有位叫小根的农民借用了"同太会"三斗豆子，稍稍延误了交粮期限就被强行夺走了四亩土地，生活丧失了依托。诸如此类的事情在抗日根据地创建初期比比皆是。这些旧的权力阶层既没有博大的国家情怀，也不可能勇敢地与外敌斗争，他们唯一追求的就是维系好自己的既得利益，而且也必然加剧阶级矛盾，破坏团结抗日。

这样的社会状况显然无法适应全面抗战的需要。抗日根据地创建之后，在中国共产党的领导下，首先就是要打破这样的传统权力结构，培养新的权力阶层。通过深入的教育传播，有效地唤醒普通民众的民族意识和抗争意识，号召越来越多的普通民众投身到抗日斗争中。在此过程中，一大批思想得到解放、觉悟得到提升、坚定拥护中国共产党的普通农民成长为根据地社会新的领导者。

根据地政权建设坚持抗日民族统一战线政策，奉行"三三制"原则，也有一批过去的普通农民加入到根据地各级政权中，成为根据地建设的领导者。"1941 年晋绥边区的行政权，经过选举产生的代表中，44% 是中农，38% 是贫农。富裕阶层只占 16%。"①经过这样的改革，以往的地主乡绅在根据地乡村领导者中只占到了极少数，普通民众中的优秀者日益成为根据地社会的领导和骨干。

以太行根据地普选县参议员和边区参议员为例，选举开始时，正值召开第一届群英会，各地把民主选拔英雄模范和民主选举参议员同时进行。对于每一个英雄模范、每一个参议员候选人都进行了广泛深入的讨

---

① 临县县政府关于村选工作的指示、会议记录和总结 [B]. 临县档案馆 . 卷宗号 :62-2-2.

论。选举参议员时，候选人详细介绍自己的情况，提出竞选纲领，选民采取差额选举的办法选举认为可以代表自己利益的人。这次选出来的参议员充分体现了"三三制"原则，除了专区、县、单位、行业的不少领导人和开明士绅当选外，许多英雄模范当选为边区或县参议员，如太行工业部门职工一致选举边区一等工厂劳动英雄、总部军工部的"炮弹大王"甄荣典为边区参议员，沙河县选举边区一等合作英雄、孔家庄农会主席王典为边区参议员，八路军在太行区的部队选举边区一等杀敌英雄、总部特务团一连副连长李仕亮为边区参议员。左权县在竞选中，纺织英雄赵春花经区选、县选后，在几十名候选人中，以二万三千六百零三票、占参选人数百分之八十八的绝对多数，当选为边区参议员。这次普选真正发扬了民主，受到各阶层群众的拥护。①

同时，领导者的产生模式也发生了变化。以往，地主和乡绅主要是依据财富获得乡村领导权的。权力来源于财富，这样的权力产生方式具有极强的稳定性，如果不进行革命，很难在短时间内改变。抗日根据地创建后，推行民主制，各级政府主要以党领导下的民主选举方式产生。广大民众的热情被极大地释放出来，有些连名字都不会写的普通农民用投豆子的方式参与选举，参与公共事务决策，直接改变了农村的权力结构。

二、开创新生活

在抗日根据地创建前那种封闭保守的社会中，民众多年不变地过着僵化的生活。除过日常的吃穿用度外，婚姻家庭生活固守着"父母之命、媒妁之言"的古制和"嫁鸡随鸡，嫁狗随狗"的习俗。文化生活极为单调，看旧书，听旧戏，遵从千古不变的文化习俗，恪守亘古不变的社会人伦。医疗卫生极为落后，不懂现代医学，听从巫婆神汉，艰难地维系着自己的身体健康。

抗日根据地的教育传播宣传新的思想观念，倡导新的生活方式。首

---

① 山西省地方志办公室 . 太行革命根据地史 [M]. 太原：山西人民出版社 ,2015:172.

先得到解放的就是广大妇女。1938 年 1 月，晋察冀边区军政民代表大会在阜平召开，成立了晋察冀边区临时行政委员会，这是敌后第一个由中国共产党领导的统一战线性质的抗日民主政权。边区军政民代表大会关于"妇女问题决议案"明确规定：（一）扶助妇女组织。（二）提高妇女文化、政治水平。（三）改善妇女生活：(1) 禁止贩卖及虐待妇女；(2) 废止娼妓及童养媳；(3) 救济贫困妇女，设立收容所或救济院；(4) 设立妇女工厂。（四）保障妇女权利 :(1) 参政权；(2) 婚姻自由权；(3) 财产继承权。[①] 思想上的解放使得很多妇女开始自由恋爱，追求自己的爱情和幸福。"在太行武东二区东堡的冬学讨论中，史拴牢、冯芝兰谈到她们过去是父母包办，受到男方的压迫，以致双方感情恶劣。当看到妇救会主席李兰女与李富西两人自由结婚、恩恩爱爱时，联想到自己的痛心处便声泪俱下，说不出话来。"[②] 除了思想上的解放，根据地还积极开展妇婴卫生保健宣传。1944 年，根据地环境较安定，边区抗联就更普遍地开展宣传教育。普遍开办卫生训练班，培训新法接生员。从思想认识、卫生常识、技术传授等方面进行培训。然后组织经过培训的大批妇女干部和新法接生员深入到农村，大力推广新法接生，提倡创造"三净四勤"的家庭卫生环境，宣讲人体生理常识、科学卫生常识等，维护妇女儿童的合法权益。妇婴工作的全面开展深受广大群众特别是妇女的支持和拥护。这也使妇女在抗日工作中更加活跃。

通过教育传播，愚昧落后的农民也开始学习和接受一定的科学知识。有些农民掌握了一定的农业技术和知识，粮食产量明显提高了。有的农民政治觉悟显著提升，开始能够积极参与社会建设和公共事务。左权县有一位村民听说村里选举村干部，坚决要求参与选举，宁可暂时放下照顾生病父亲的事务，"父亲病了，没有公民权重要，有力难搬太行山，有钱难买公民权"[③]。很多农民接受教育之后也不再相信巫婆神汉，知道

---

① 晋察冀抗日根据地史料丛书编审委员会 . 晋察冀抗日根据地第二册（回忆录选编）[M]. 北京 : 中共党史出版社 ,1989:289.

② 郭夏云 . 冬学教育与根据地社会改造 [J]. 山西高等学校社会科学学报 ,2011,(01):114.

③ 袁勃 . 晋察冀边区群众文化教育的进展 [N]. 新华日报，1941-12-25.

了得病求医的道理。

以太行区为例，太行区的医药卫生工作是在与愚昧、迷信、落后的习俗斗争中发展起来的。由于战争和灾荒，1941 年以后太行区疾病流行，特别是伤寒、疟疾和疥疮，严重威胁着军民的健康。针对这种情况，在八路军的大力帮助下，太行区开展群众性卫生运动，宣传卫生知识，讲解疾病成因，训练卫生干部和医卫人员，推广中西医结合、以中医为主的治病方法。对群众中的迷信思想，一方面说服教育，讲解科学知识；一方面用活生生的实践教育群众，帮助他们从迷信中解脱出来。在生产中，发动群众性的刨药材活动，既可卖钱换粮，又能防病治病。在 1943 年灾荒严重、疾病蔓延时，边区政府拨出三万元医药费，军队、政府组织了医疗队、卫生队到各地宣传卫生知识、治疗疾病。仅在武（安）北县，就为 3661 人种了牛痘。医疗队推广简易的中药避瘟方、消肿方、急救方等。群众从亲身体验中认识到只有依靠科学的方法才能战胜疾病，求神拜药的越来越少，人民群众的思想觉悟提高了，不再一味地相信迷信。

三、解放了社会生产力

恢复并扩大生产、为抗日战争积蓄物质力量是根据地建设的重要使命之一。但是在根据地初创之时，农村的生产发展极为落后，除生产技术落后的原因外，另一个重要的制约因素就是生产力解放不够。通过教育传播，抗日根据地有效解放了劳动力，突出体现在两方面：

一方面，妇女参加劳动。受过教育的妇女认识到自身的价值与作用，抛弃了过去女人不参加劳动的陈规陋习，开始积极参加生产劳动，极大地解放了生产力。1942 年，日伪军对晋察冀抗日根据地进行严密的经济封锁和疯狂的掠夺，加上天灾、疾病流行，使北岳区农业生产所需要的物资非常紧缺，经济上处于极端困难的状态，群众的生活更是艰苦。为打破敌人的经济封锁，政府号召全边区人民开展生产自救，除发展农业生产外，还大力搞好家庭副业生产，要求妇女开展纺织、编织、养蚕、饲养家禽以及打柴、挖煤、运输等副业生产。边区广大妇女积极响应政府号召，努力生产，发展经济。这样，经过边区人民的艰苦奋斗，不但渡过了困难阶段，解决了农民的柴、米、油、盐问题，还保证和改善了军需供应。还有一部分剩余农副产品通过与敌占区的贸易换回根据地所需要的物资。

除了积极参加生产，一大批进步妇女还积极参加学习，掌握了一定程度的文化，参与革命工作，投身到抗日斗争中。长治五区北坡村的陈爱香分得一份属于自己的土地，上识字班学习识字，掌握了一定的文化，还成为村干部，被群众称为"三翻身"。① 黎城北流村的刘三春、张变英等青年通过互相写信、请教老师改信等方法大大提高了写作水平，当了县小报的通讯员。

妇女在战争和劳动中发挥了巨大作用，用不争的事实改变了社会上歧视女性的观点，提高了女性在社会和家庭中的经济地位和政治地位。许多妇女在民主选举中被选为村长、区长、县长，有些妇女甚至担任了更重要的领导职务。②

另一方面，一些农村懒汉在教育传播的感召下开始投身生产劳动。晋绥抗日根据地著名的"改造二流子"运动就极具代表性。"二流子"好吃懒做，常干坏事，其行为包括吸毒、赌博、小偷小摸、诈骗等，也是敌伪势力勾结的对象。这些人虽然为数不多，但危害不小。在晋绥抗日根据地，原有"二流子"10013名，兴县全县人口9万人，就有"二流子"1681名。③ 面对这一现状，根据地将改造"二流子"作为重要工作之一，组织他们学习，给他们做思想工作，激发他们的上进心，帮助他们开展生产。如有一位"女二流子"，经过教育掌握了纺织技术，还加入了纺织组参加劳动。静乐县下官庄在发动冬学运动期间，对村里的几个"二流子"用算账的办法，经常说服教育改造他们，使他们良心发现，认识到过去当"二流子"，卖房卖地，什么事都干，觉得扫兴、痛苦，只有改掉。④ 以这样

---

① 革命历史档案馆．晋绥边区第二分区1944年冬学工作总结[B]．太原：山西省档案馆藏，档案号：A99-2-3-1.

② 山西省地方志办公室．太行革命根据地史[M]．太原：山西人民出版社，2015:276.

③ 刘淑珍．晋西北抗日根据地教育简史[M]．成都：四川教育出版社，2000:272.

④ 罗朝．华北抗日根据地的冬学运动与社会风气的变革[J]．文史月刊，2004,(06):47.

的方式将社会闲散落后人员组织起来，改造他们，使他们转变为劳动力，这也是教育传播的重要成效之一。

总体来看，社会宣传教育活动在抗日根据地普遍深入的开展，使得广大农民群众的思想认识发生了很大的改变，民族意识增强，有关抗战的知识和技能也有了很大的提升，特别是民兵组织的发展，对于夺取抗日战争的胜利做出了巨大贡献。宣传教育活动对于贯彻落实党的各项方针、政策和决议具有重要意义，促进了根据地各项事业的发展。

第二节 重塑精神风貌

抗日根据地初创之际，人们精神颓废是重要的问题之一。绝大多数民众并没有真正的现代民族意识，对日军侵略的危害缺乏正确的认识。更为重要的是，战时状态下，社会秩序极为混乱，生命安全朝不保夕，散兵流匪四处作乱，人民群众没有主心骨，更是无所适从。正是通过大量深入的教育传播活动，唤醒了民众的民族意识，坚定了他们抗击日本侵略者的决心和意志，振奋了根据地军民的精神。

一、坚定了民众抗击日军的信心

抗战全面爆发初期，日军进犯势头迅猛，国民党军队节节败退，中国共产党领导的八路军刚刚抵达敌后，开始创建抗日根据地。普通民众一时间很难看清形势，对于共产党和八路军也缺乏全面的了解和认识，难以找到正确的道路。加之敌伪的奴化宣传，一时间各种各样错误的思想意识在社会上流传，有的认为中国根本不可能抵抗日本帝国主义的侵略，主张投降。有的则看不到人民群众的强大力量，仍然顽固地寄希望于国民党政府，拒绝接受中国共产党的全面抗战政策。更多的则出于个人安危与利益，抱残守缺，不敢抗争。面对这种形势，当务之急就是要提振根据地军民抗击敌寇的信心。

抗日根据地创建后，中国共产党首先提出了全新的教育方针。中共六届六中全会上通过了《实行国防教育政策，使教育为民族自卫战争服务》

的决议，提出"号召各抗日根据地贯彻落实为抗战服务的教育政策，以普及人民大众的抗战知识技能和提高民族自尊心为中心，以培养具有民族意识、民族自信心，具有抗战与生产所需要的知识技能的抗日干部和国民为目的，以发挥学生学习的积极性为原则，改订学制，废除不急需与不必要的课程，着重教授抗战所必需的课程。"①正是根据这样的方针，根据地政府大力推动学校教育、社会教育，尤其重视干部教育。经过持续发展，培养出一大批拥护党的抗日民族统一战线政策、具有强烈民族自尊心和自豪感并积极投身抗战事业的革命干部。很多革命干部在对敌斗争中立场坚定，宁死不屈，表现出强烈的革命英雄主义精神。

教育传播引导了根据地的社会舆论和意识形态，确立起抗日光荣、投降可耻的正确观念，很多普通百姓不顾安危，舍生忘死，支持共产党，支持八路军，体现出人民群众强大的革命力量。在静乐县孔河沟村，有一次有 5 名伤员路过，村民们主动拿出白面慰问，村自卫队的队员们还拿出棉被给伤员垫在担架下面，以减轻他们的痛苦。

教育传播还引领了青少年一代的成长，培养他们树立了爱国主义情怀，有的还直接投身到抗日战争的斗争中。杨有元同志在回忆五台县马家庄村儿童团参加抗日斗争的历史时讲述了这样的故事：为了服务抗战，儿童团还参加各种社会活动，担负站岗放哨查路条的任务。实行四班制，每班 4 人。在村口、要道站岗放哨，有了敌情马上报告，及时通知全村群众转移。发现可疑的人认真盘问，往往是一人回村报告，一人缠住可疑的人不放。②从这一故事中不难看出当时抗日根据地军民是如何团结一致共抗强敌的。之所以达成这样的效果，教育传播功不可没。

除了儿童团，青年也是抗日战争的重要力量，1938 年 6 月 7 日，中共中央发出《关于加强战区青年工作的指示》，晋察冀边区于 6 月 16 日至 18 日在五台县石嘴召开了晋察冀边区第一次青年代表大会，并通过了

---

① 张志伟，雪飞. 抗战时期中共根据地教育政策述论[J]. 史学集刊，2012,(11):65.
② 王谦. 晋察冀边区教育资料选编（回忆录分册）[M]. 石家庄：河北教育出版社，1990:158.

《晋察冀边区青年抗日救国会组织简章》，成立晋察冀边区青年抗日救国会。晋察冀边区青年抗日救国会为了抗日救国，加强战区青年工作，建立青年半武装及武装组织，将边区广大青年迅速组织起来。从1939年初至1940年底是边区青年组织发展最快的时期。截至1940年年底，北岳、冀中两个地区就发展青救会会员60万，青抗先队员30万，儿童团员100万，学生会会员55万。冀东区发展青年报国会会员10万，青年报国队员两万。

二、确立起拥护中国共产党的信念

在山西抗日根据地的建设过程中，中国共产党坚决贯彻抗日民族统一战线政策，教育传播也将这些理念传播到根据地的每一块土地，民众深切地认识到了共产党和八路军是人民群众真正的救星，极大地坚定了根据地军民拥护中国共产党的信念。

教育传播最重要的内容之一就是政治教育。抗日根据地的政治教育中包含了一定的马克思主义基本原理，用以引导根据地军民掌握认识问题、分析问题的科学方法。例如，通过宣传阶级以及阶级分析的方法，介绍农村社会的阶级情况，使民众深刻地理解为什么人民会贫穷，进而了解中国共产党是一个什么样的组织，为什么跟着共产党才能过上好日子。通过传播这样的信息，使根据地人民彻底改变了过去的思想认识和错误观念，懂得了大道理，看清了大趋势，自然就形成了拥护中国共产党的信念。

这样的教育传播在广大青年中也产生了巨大的影响。他们接受了共产党的主张，自觉承担起青年一代的历史使命。更有大批青年成长为马克思主义者。"抗大2—8期，总校及各地分校共吸引和培养知识青年、青年学生达数万人。其中第四、第五期，共有学员5562人，其中18—28岁的青年占到85%。"①郑贵银在其晚年的回忆录中讲述了自己年少时受到抗日英雄的感染，勇敢地与敌伪做斗争的故事。在结尾，他用朴实的语言强调："现在回想起来，觉得我当时之所以能做到这些，与当时在

---

① 周堡垒. 抗战时期中国共产党吸引与动员青年方式探讨 [J]. 湖北科技学院学报 ,2015,(12):45.

学校所受的教育是分不开的。"① 抗日根据地的广大青年踊跃报名，积极参军，投身到抗日的军事斗争中。以晋冀根据地为例，八路军 129 师主力进驻太行山区时，只有 9000 余名指战员，到抗战胜利时，共产党领导的抗日军队已经达到 30 万人，出现了"九千将士进涉县，三十万大军出太行"的景象。"在晋绥边区的临县，老百姓负担了边区所需军粮、军械的 3/4。"②

1943 年 10 月 1 日，中共中央发出《关于减租生产拥政爱民及宣传十大政策的指示》："为了使党政军民打成一片，以利于开展明年的对敌斗争与生产运动，各根据地党委及军政领导机关，应准备于阴历正月普遍地、无例外地举行一次拥政爱民与拥军的广大规模的群众运动。"根据中央的指示，中央军委所属各大军区政治部以及新四军政治部等订立了拥政爱民公约；晋察冀边区各界救国总会、晋绥边区抗联等订立了拥军公约，要求各部队、各军分区、各群众团体贯彻执行。这样的政策极大地促进了军民关系的发展。孟曙光老人在回忆录里讲述了这样的故事："河庄村有个堡垒户叫任群昌，任群昌的老爹叫任老虎，对我特别好。每次我在他家过夜，老人家便在夜晚为我站岗放哨。老人家知道我的书籍特别重要，专门为我准备了隐藏书籍的地方。每当发现了敌情，老人家就把我的书籍坚壁起来。那里敌人'扫荡'时如发现了抗日课本，是要杀头和烧房的，但老人家全然不顾这些。他说他真心实意地拥护共产党。"③ 普通百姓对共产党的拥护和爱戴之情一目了然。这样的故事在抗日根据地可以说数不胜数。

三、提高了民众的文化知识水平

山西抗日根据地在初创时期普遍存在文化基础薄弱的现象。经过深入的教育传播，文盲率大大降低，根据地民众的文化素质发生了翻天覆地的变化。这样的变化绝不是某些个体的转变，而是社会面貌的整体改

---

① 王谦 . 晋察冀边区教育资料选编（回忆录分册）[M]. 石家庄：河北教育出版社 ,1990:164.
② 方苗厚 . 华北冬学运动成为抗日发动机 [J]. 党史纵横 ,2015,(12):52.
③ 王谦 . 晋察冀边区教育资料选编（回忆录分册）[M]. 石家庄：河北教育出版社 ,1990:117.

变。如，1939 年的晋察冀边区，经过开展冬学运动，"一般学员识字提高到 300 字左右，扫除文盲数占原文盲数的百分比在平山达到 76%，灵寿 54%，井陉 26%，新乐 81%，阜平 60%，盂县 64%。"① 根据地人民文化素质的普遍提升具有十分重要的现实意义。

一方面，根据地人民整体文化素质的提升为党的抗战政治动员奠定了坚实的基础。以往，绝大多数民众都是目不识丁，在教育传播的影响下，能够识文断字，懂理明事，明辨是非，这就为其进一步理解和认识抗日战争的整体形势、认清正确的抗战策略打下了基础。这对于抵制敌伪的奴化教育和国民党顽固派的投降主义思想有着十分重要的意义。"一些如'日本要灭亡中国，我们必须持久抗战''必须坚持抗日民族统一战线''不屈服不投降，坚决斗争到底'的道理都已深入人心，民众的政治觉悟大大提高，这有利于促成抗战的紧急动员工作。"②

另一方面，知识水平的提升为广大民众接受新思想、建设新社会奠定了坚实的基础。基于文化知识水平的提升，根据地群众能够更好地理解和接受无产阶级新理念，学习新风尚，自觉抵制各种愚昧腐朽思想的影响。根据地的教育传播中也包含了很多科学知识，包括自然现象的解释、讲究个人和公共卫生等知识。这些今天看来已经成为常识的知识在当时都是极为新鲜的。根据地军民接受这些科学理念后，能够理解风雨雷电这些自然现象产生的原因，不再有神秘感，也不再迷信。日常生活中，也能讲究卫生，健康生活。有些地区的民众还与军队一起赢得了反击日军细菌战的胜利。更为重要的是，新思想新观念的普及推动了根据地的新生活，妇女解放、自由恋爱、天足运动、踊跃革命等极大地深化了根据地的社会变革，为革命政权的日益巩固创造了条件。

---

① 袁勃. 晋察冀边区群众文化教育的进展 [N]. 新华日报，1941-12-25.
② 周江平，刘素娜. 论抗日根据地冬学运动的主要贡献 [J]. 江南社会学院学报，2007,(09):76.

第三节 提高战斗能力

山西抗日根据地的基础非常薄弱，生产方式落后，生产能力低下，广大民众内心缺乏信仰追求，生活模式僵化保守，精神状态萎靡不振。正是经过深入的教育传播，彻底改变了这样的状态，根据地军民的战斗力得到显著提升，产生了不可战胜的强大力量。

一、提高生产能力

发展农业生产、保障粮食供应，对于根据地政权的稳定和对敌军事斗争的胜利有着十分重要的作用。可以说，农业生产是赢得抗日战争胜利最主要的物质基础。但在抗战全面爆发初期华北农村封闭落后的条件下，农业生产方式十分落后，粮食产量也很低。有限的粮食产量根本不可能支撑长期抗战的需要。山西三大抗日根据地创建之初几乎都出现过粮食供应不足的问题，部分地区还出现过严重的粮荒，连基本的军粮都难以保障。有时候抗日军民不得不以野菜、树皮充饥。极端困难时期甚至连野菜树皮都没有。

发展农业生产、保障粮食供应可以说是抗日根据地的第一要务。以晋察冀边区为例，1938 年 1 月，晋察冀边区军政民代表大会通过的《经济问题决议案》提出："设立农业技术改良机关……大量制造农具，指导农民育种、播种、施肥、土壤等各种技术之改良。"[①]整个抗战期间，山西各抗日根据地政府组织人民群众在战争空隙大力开垦荒地，扩大耕种面积，推广农业技术，大力发展农业生产。

教育传播中，积极传播自然科学和农业生产技术方面的信息。小学教材及社会教育教材中包含了很多耕作、选种、育种、浸种、灌溉的农业生产知识，还有农具的制作与使用、家畜养殖等方面的知识。社会教育中，还有与纺织、编织、缝纫等手工业技术和技能相关的知识。有些知识通过小学生学习后回家传播给家长，提高全家的生产能力。有的则是在社

---

① 魏宏运.晋察冀抗日根据地财政经济史稿[M].北京：档案出版社，1990：210.

会教育过程中由成年人直接学习掌握。通过学习这些知识，民众的农业劳动技能有了很大的提高，农业生产效果也得到有效提高。同时，根据地经常以教育传播为载体，组成变工组、互助组等，不同的人一起劳动，传播先进的经验和技术，共同提高劳动技能。

二、培养根据地民众的斗争精神

山西抗日根据地的主要民众是农民。传统农民普遍存在随遇而安、不求进取的小农意识。教育传播对于改变农民观念、培养斗争精神发挥了重要作用。

抗日根据地的教育传播奉行新民主主义教育方针，实施与生产劳动紧密结合、学以致用的教育。很多教育传播都以宣传政策方针、解决实际问题为直接目的。太行根据地的村庄，佃户冯会更租了地主孙云的一亩九分地，平均亩产粮食九斗。以往都是由冯会更与孙云根据前一年的产出情况协商交租数量，并签订租约。推行减租减息政策后，孙云也认识到不能像过去一样收过多的租子，于是把这块土地卖给别人，另外找了一块一亩二分的差地租给冯会更。冯会更是位老实的庄稼汉，既没有说租额，也没有签租约，总认为人家说啥就是啥，不愿为自己的利益去抗争。等到秋后，冯会更在这块地种上了小麦，孙云想逃避负担，要把这块地当给他。冯会更没钱，孙云就说要当给别人。这时，冯会更感到不能忍受，但却不知道该怎么办。冬学运动中，经冯会更的妻女在学习小组上提出，大家讨论后一致认为这是地主欺骗佃户，逃避负担。认识清楚了，道理明白了，政策也掌握了，于是与地主孙云坚决斗争，最后迫使孙云承认错误，重新签订了租约。这样的故事极具代表性。愚昧懦弱的普通农民通过接受教育明白了事理，掌握了政策，得到了支持，就能够勇敢地站出来进行斗争，切实维护自身利益。

与地主斗争是为了维护自身利益。更多情况下，普通农民在根据地的教育影响下勇敢地站出来与残暴的敌寇进行斗争，这样的事例更是几乎遍布整个抗日根据地。在太岳抗日根据地著名的沁源围困战中，大批普通农民组成民兵，埋地雷，烧狼烟，吹号、打锣鼓，配合八路军主力与日军展开斗争。一位普通老汉甚至半夜偷偷回到被日军占领的城关村中抢出了三袋粮食。从胆小懦弱的普通农民转变为英勇斗争的英雄，这正是在教育传播的不断影响下培育形成的。

三、提高战斗能力

抗日根据地教育传播最根本的效应就在于显著提高了根据地军民的战斗能力。抗战期间，人民军队当然是打击敌寇最主要的力量。但对敌斗争不仅是军队的任务，广大人民群众才是取之不竭的力量之源，也才是真正不可战胜的力量。教育传播不仅帮助广大人民群众提高了政治觉悟，坚定了抗战信心，而且教会了普通群众对敌斗争的技术技巧。很多普通农民从"夜不敢点灯，昼不敢聚谈"的胆小者一步步成长为英勇的战士。

初级小学中就开设有体育课，与和平时期的体育课不同，抗日根据地的体育课大体等同于军训，教授的基本上是持枪、投弹、射击等知识。通过这样的教育传播，少年儿童从小就掌握了一定的军事技术。高小以上，学生就开始参加儿童团，组织军事训练、站岗放哨查路条，投身抗日工作。儿童团是抗日民主政权开展工作的得力小助手。儿童团员不仅在敌人的刺刀面前不妥协，不投降，在捉拿汉奸、防止敌人搞破坏的斗争中也立下了功劳。从1938年到1943年，据北岳区完县、唐县、曲阳三县的统计，儿童团共捉住90个汉奸，432个嫌疑犯。①

高小毕业后，就有很多学生直接参加正规军或县、区游击基干队，成为抗日骨干。中等以上学校的教育则更为直接地与军事训练融合在一起，学生在校按军事模式组织，以小队、中队等方式组织起来，平时除上课学习文化知识外，还有大量的军事训练科目。中等以上学校毕业的青年大多成为党的干部，直接参与和领导对敌斗争。

除了青年学生外，青年抗日先锋队（简称"青抗先"）是晋察冀边

---

① 晋察冀抗日根据地史料丛书编审委员会.晋察冀抗日根据地第二册（回忆录选编）[M].北京：中共党史出版社,1989:289.

区民兵中最活跃的一支队伍，他们要进行日常的军事训练，大场院、沙滩、山野、田间都是他们的操练场所。跑步、劈刀、投弹，各种军事科目样样都有。在农闲时，特别当每年的五四青年节来临时，"青抗先"要搞大集中、大检阅。千千万万的青年一齐出动，阵容整齐，气势磅礴，振奋人心。1939 年和 1940 年春季农闲时节，为了进行战备训练，各地"青抗先"举行大露营活动。几个村的青年抗日先锋队集合起来在野外露营，并请当地驻军帮助进行军事训练。

在社会教育中，普及对敌斗争的军事知识也是重要的传播内容之一。通过学习，普通农民掌握了大量的对敌斗争知识，从简单的如何坚壁清野、如何躲避敌人追击，到更高级的如何救护伤员、如何应对空袭等。有的民兵还学习如何利用地形地物、如何制造和使用地雷。通过这样的教育传播，广大人民群众掌握了丰富的对敌斗争知识。到抗战后期，各根据地的民兵力量都可以阻击日军侵扰了，日军被迫龟缩在主要交通线的据点里。人民群众战斗力的提升是抗战胜利的重要保障。总之，抗日根据地的教育传播在宣传群众、组织群众的过程中体现出了突出的效应。

抗日根据地蓬勃发展的教育活动深入农村启发广大民众的思想，提高他们的政治文化水平，增强他们抗击敌人的信心，使民主的氛围更加活跃，促进了军民团结，对于破除广泛存在于农村的封建迷信思想具有重要意义，成为动员广大群众巩固抗日根据地、坚持抗战的强大思想动力。

参考文献

[1] 谢忠厚，肖银成 . 晋察冀抗日根据地史 [M]. 北京：改革出版社 ,1992.

[2] 郭秀芬 . 晋冀鲁豫根据地史研究 [M]. 石家庄：河北人民出版社 ,2014.

[3] 山西省史志研究院，中共内蒙古自治区委党史研究室 . 晋绥革命根据地史 [M]. 太原：山西古籍出版社 ,1999.

[4] 戎子和 . 晋冀鲁豫边区财政简史 [M]. 北京：中国财政经济出版社 ,1987.

[5] 陈元 . 老解放区教育简史 [M]. 北京：教育科学出版社 ,1981.

[6] 董纯才，张腾霄，皇甫束玉 . 中国革命根据地教育史（第二卷）[M]. 北京：教育科学出版社 ,1991.

[7] 申国昌 . 抗战时期区域教育研究——以山西为个案 [M]. 北京：社会科学文献出版社 ,2014.

[8] 王谦 . 晋察冀边区教育资料选编（社会教育分册）[M]. 石家庄：河北教育出版社 ,1990.

[9] 华中师范大学教育科学研究所 . 陶行知全集（第 1 卷)[M]. 长沙：湖南教育出版社 ,1984.

[10] 梁志祥，侯文正 . 山西通志·教育志（第 37 卷）[M]. 北京：中华书局 ,1999.

结　语

经过一年多时间的紧张准备和撰稿，《山西抗日根据地文化传播研究（教育卷）》即将付印。本书全面梳理了山西抗日根据地教育事业的发展进程，并从传播学的角度予以研究分析，具有一定的创新之处。

从传播学视角研究教育问题具有极大的挑战性，也是本书最主要的创新之处。如本书序言部分指出的，教育在本质上就是一种传播。在这个意义上，将教育与传播区分开来，多少有些画蛇添足之嫌。为克服其中的矛盾，在撰写过程中，本书着重从以下三方面视角切入：

一、最广义的教育的视角

教育是人类最古老的社会活动之一，可以说，教育是人类社会得以存续和发展的重要支撑。现代人对教育的理解有广义与狭义之分。广义的教育涉及社会生活的方方面面，任何一种人与人之间知识、经验和信息的传播均可纳入教育的范畴。狭义的教育一般是指专门化、正规化、组织化的教育活动，即学校教育。

本书从广义的教育视角切入，涵盖了山西抗日根据地学校教育、社会教育、干部教育三大类型的教育活动。之所以坚持这种广义的理解，主要原因在于只有从这一角度出发才能全面准确地理解教育在中国共产党领导的敌后抗日斗争中发挥的重要作用。

山西的抗日根据地大多建立在偏远落后的山区农村，经济发展落后，社会组织程度低，人民群众觉悟不高。如果不能及时唤醒广大人民群众，帮助他们提高认识，提升觉悟，增强自信，就无法将其转化为全面抗战的伟大力量。大力发展社会教育就成为唤醒人民群众抗日热情的重要手段。

山西抗日根据地建立之后，面临的最大的一个困难就是干部短缺。尤其在基层，大批政治觉悟不高、文化水平低的普通工农进入到革命队伍中。如果不及时进行培养教育，他们很难承担起领导组织抗日斗争的艰巨任务。干部教育就成为提高革命干部队伍整体素质、增强干部领导能力的重要途径。

抗日战争全面爆发后，军事上敌强我弱，潜力上我强敌弱，这就注定抗日战争必然经历长期的斗争过程。因而也需要大量的后备力量，吸引并引导青少年成长为抗日斗士。学校教育就成为吸引年轻一代、培养后备力量的重要载体。

山西抗日根据地的教育工作是全社会的活动，发挥了培养干部、唤醒群众、培育后备力量、凝心聚力的重要作用。只有从广义的教育视角切入，才能理解其价值与意义。

二、马克思主义中国化视角

中国共产党领导的敌后抗日斗争，一方面是在军事上打击敌人，捍卫国家主权，争取民族独立，另一方面也是马克思主义中国化的重要进程。经过敌后抗日斗争的洗礼，中国共产党成长为成熟的马克思主义政党，形成了马克思主义中国化的理论成果——毛泽东思想，并确立了其在全党的指导地位。这是赢得抗日战争胜利的重要保障。

可以说，抗日根据地教育事业的发展有力地推动了马克思主义的中国化、大众化、普及化，它使得马克思主义从科学的理论转化为现实的形态，并结出了累累硕果。

三、中国社会现代化的视角

中国人民的抗日战争是现代中国社会发展中重要的转折点。通过这场斗争，中华民族赢得了民族独立和解放；经过这场斗争，中国共产党确立了稳定的领导地位；经过这场斗争，中国人民实现了前所未有的觉醒。这一过程为中国社会的现代化发展奠定了坚实的基础。

山西抗日根据地的教育始终奉行新民主主义教育方针。这样的教育以全新的思想和理念引导教育革命干部、人民群众和青年一代。经过新民主主义教育的洗礼，山西抗日根据地的社会面貌焕然一新，落后的思想意识被丢进了历史的垃圾桶，因循守旧的落后观念失去了存在的基础，民族觉悟和民族意识空前浓厚，革命的、科学的、现代的思想意识得到推广普及。

正是从以上三方面视角切入，本书得以从传播的视角重新审视教育问题。全书始终聚焦于山西抗日根据地的教育发展，但更多地着力于对传播的指导思想、传播内容、传播模式、传播媒介、传播效果等问题的分析，在具体内容中结合传播学的原则和规律分析教育问题。应该说，这是非常有意义的探索和尝试，有助于深化对山西抗日根据地教育事业的认识，也从一定的侧面展示了山西在抗日战争中发挥的重要作用。

致　谢

三年来，团队成员同心共济、困知勉行，不畏苦累而深入田野，力学笃行而埋身史料，终于迎来了《山西抗日根据地文化传播研究》丛书的顺利完稿。作为阶段性成果，本丛书为山西抗日根据地文化史的研究拾遗补阙，丰厚了相关领域的研究。如今付梓之际，感慨良多，一路走来的点点滴滴仍历历在目，感佩之情油然而生。

丛书的写作，得到了山西传媒学院各级领导的鼎力支持。党委书记吴刚同志、院长李伟博士多次过问丛书的写作情况，他们不仅关心团队的组建，给予经费的支持，而且在写作的过程中提出了许多宝贵的意见和建议。副书记刘锐同志、副院长郭卫东教授、王红叶教授以及校办、党委宣传部、科研部、财务部、文创中心的各位领导倾心尽力，为本书的完成提供了良好的研究环境和写作条件。丛书能在短短三年多的时间内完成，实与他们的大力支持密不可分。

丛书的研讨，得到了很多专家学者的热忱协助。他们毫无保留地倾囊相授，不厌其烦地答疑解惑，不仅使团队成员获益匪浅，团队整体的知识结构也得到了不同程度的更新和提升。特别是南京大学李玉教授和山西大学郝平教授曾多次亲临中心，与团队成员数次展开多维度的研讨和交流，他们学术上的通达与精湛、待人接物中的热诚与耿介，至今仍感念在怀、没齿难忘。

丛书的出版，得到了山西省委宣传部领导的倾力相助。三年前丛书写作伊始，选题就被省委宣传部组织的专家充分肯定，并荣幸入选重点选题库。三年来，副部长骞进同志无时无刻不关心着丛书的进展，在其频频的过问与敦促中，书稿的写作得以稳步向前推进。连军处长从写作计划的铺陈到整体结构的搭建，从概念的提出到个中观点的再阐释，以及材料的挖掘与素材的运用，都无私地贡献了自己的聪明才智。郭红萍副处长则在丛书的写作进度与写作质量方面严格把关，在其督促和勉励下，我们才得以在如此短的时间内保质保量完成任务。丛书从立项至出版，离不开三位孜孜的照拂，每每想起，不胜感激。

丛书的完成，凝结着整个团队艰辛的付出和勤劳的汗水，是年轻血液敢于担当、勇于挑战、协同创新的具体实践成果。团队中，大部分成员都是首次接触著书这一工作，能够想象，在洋洋书稿背后，是他们披星戴月、埋头苦干的执着与勤勉。而团队浓厚的学术氛围、不同学科之间的相互碰撞，以及对于学术的苦心钻研，都永远地成为我们在探索真理与求知道路上的精神动力。

丛书的付梓，得到了山西人民出版社领导的不懈关注和用心扶持。社长姚军同志从选题开始就对丛书给予重视，连续三年不遗余力地反复申报。责编张慧兵同志多次亲临中心与作者沟通，在书稿交付后精心编排，使丛书增辉不少。他们展现出的专业精神令人钦佩，丛书的顺利付梓集结了他们的智慧和心血。

山西抗日根据地文化传播的研究，承载着厚实的历史信息与丰硕的文化内涵，更深层次的学术研究仍有待进一步开展，前面还有更长的求索之路需要我们砥砺前行。真诚希望各级领导和专家学者对团队下一步的研究给予更多的鼓励和扶助。在此，我谨代表团队全体，对曾支持、指导和关心过我们的所有人表示衷心的感谢。在研究撰写过程中，还参考引用了国内外大量档案资料和近年来许多专家学者的研究成果，在此也一并表示诚挚的谢意。

山西传媒学院文创中心

张汉静

二〇二一年十月十八日